逐光而行

DISC⁺ 用奋斗实现梦想

李海峰　李嘉文　于木鱼◎主编

华中科技大学出版社
http://press.hust.edu.cn
中国·武汉

图书在版编目（CIP）数据

逐光而行：用奋斗实现梦想 / 李海峰，李嘉文，于木鱼主编. —武汉：华中科技大学出版社，2024.1

ISBN 978-7-5772-0281-5

Ⅰ.①逐… Ⅱ.①李…②李…③于… Ⅲ.①家庭教育 Ⅳ.①G78

中国国家版本馆 CIP 数据核字(2023)第 235883 号

逐光而行：用奋斗实现梦想　　　　　　　　李海峰　李嘉文　于木鱼　主编
Zhuguang er Xing:Yong Fendou Shixian Mengxiang

策划编辑：沈　柳
责任编辑：沈　柳
装帧设计：琥珀视觉
责任校对：林宇婕
责任监印：朱　玢

出版发行：华中科技大学出版社(中国·武汉)　　电话：(027)81321913
　　　　　武汉市东湖新技术开发区华工科技园　　邮编：430223
录　　排：武汉蓝色匠心图文设计有限公司
印　　刷：湖北新华印务有限公司
开　　本：880mm×1230mm　1/32
印　　张：8.5
字　　数：169 千字
版　　次：2024 年 1 月第 1 版第 1 次印刷
定　　价：55.00 元

本书若有印装质量问题，请向出版社营销中心调换
全国免费服务热线：400-6679-118　竭诚为您服务
版权所有　侵权必究

前言

这是继《向阳而生》青少年合集出版后,我们推出的第二本合集。《向阳而生》上市后,在 2023 年春节期间,成为当当亲子家教新书榜第一名。

为什么要为孩子们出本书?家长和孩子可以从这本书里得到什么?

在回答这 2 个问题前,我先讲 2 个故事,我自己孩子的故事。

我和太太有一对龙凤胎,哥哥叫希希,妹妹叫郡郡。

希希的钢琴老师对他很好,师徒没事就常常玩四手联弹。弹琴之余,老师还会变魔术逗他玩。有时,太太开玩笑说,他们像父子。

有一次,老师表演完魔术后,把一副扑克牌送给了希希。我回家看到这副牌,虽然我并不知道怎么玩魔术,但想了想,就设计了个小游戏,让5岁的希希开心。

我让希希随手抽一张牌,通过回答我的问题,猜出他选定的那张牌。比如,他选定的牌是红心10,我就会问他喜欢红色还是黑色,他如果说红色,我就继续下一步,问他比9大一点点的数字是几;他如果说黑色,我就问除了黑色,还喜欢什么颜色,保证最后希希能准确地说出他选定的那张牌。每次希希说出来那张牌,我都会大声地说:"你真厉害!"我们父子玩得很开心。

第二天早上,我发现哥哥在带双胞胎妹妹玩这个游戏。哥哥每次引导完,都会竖着大拇指和妹妹说:"你真厉害。"高I特质的妹妹也会露出一副得意的小表情,大声喊:"我真厉害!"我开心地看着他们玩耍。

突然，希希对着我竖了个大拇指，然后和我说了句：

"让别人厉害的人最厉害。"

看到这里，如果你和我一样感动，那你就能理解我为什么要为孩子们出这本书。

我想再分享一个关于我女儿郡郡的故事。

我们没有宗教信仰，但旅行时，无论碰到寺庙、道观，还是教堂，都会带小朋友进去看看。

有一次，进到庙里，郡郡听到大家都说拜拜菩萨，就好奇地问："菩萨是谁？"我太太回答："菩萨就是帮助别人完成心愿的人。"

郡郡跟着我们，对着庙里的菩萨许愿。我们很好奇，问郡郡许的愿望是什么。

郡郡回答道："我的愿望是所有的菩萨身体健康。"

我希望我们都会成为我女儿祝福的人。

我更祝愿每个孩子都能成为自己的菩萨。

书里的故事都是孩子们自己写的,关于如何克服困难、发挥出自己的优势。

很多时候,我们强调:孩子都是超人,孩子都是天才。家长对孩子有超高的期待,这个我理解,但是这种期待也许会变成压力。

孩子只有从内在找到了动力,才能真正强大。同伴的启发,也许其影响力大于有些家长简单、粗暴的言语。

看完书里孩子们的自述,也许你会和我一样,产生另外一个观点:

每个孩子都很平凡,是拼搏让他们非凡!

共勉。

李海峰

2023 年 10 月 12 日

第一章　成长的感悟 ················· 1

致曾经的自己 ··················· 陈梓涵/ 4
我成长路上的三大利器 ············· 郭慕言/10
《残狼灰满》激励我成长 ··········· 韩沛茹/16
为自己而活 ····················· 简志玲/22
勇往直前 ······················· 李希仁/31
获奖通知书 ····················· 李紫郡/39
我是一个坏小孩 ················· 林宇轩/45

第二章　兴趣的魅力 ················· 50

在美术逐梦的道路上闪闪发光 ······ 江咏衡/53
绘画与我的梦想 ················· 姜钰鋆/58

把创新与科技的种子种进童年花园里 …………
………………………………………… 梁佑安／66
我的人生因兴趣爱好而多姿多彩 ……………
………………………………………… 莫依凡／74
梦想是我们的全部 ………………… 王紫涵／81
兴趣引领我前行 …………………… 吴思辰／88
我与爵士舞有个约会 ……………… 夏千寻／97
舞蹈教会我成长 …………………… 徐筱雅／104
每一次努力都是蜕变的开始 ……… 杨景滔／108
爱好与抉择 ………………………… 姚梦竺／117
勇敢地战胜困难 …………………… 余东钊／124
我和乒乓球的故事 ………………… 周子涵／131

第三章 学习的方法 ………………… 135

喜欢实验的我 ……………………… 刘泓毅／138
财富罗盘游戏：探寻智慧的航行 ……………
………………………………………… 刘新泽／147
我的写作之路 ……………………… 苏昕羽／157
自主预习让我快乐学习 …………… 余欣宏／165
那些被我选择的路 ………………… 周展立／171
自控力让生活更美好 ……………… 周致甜／181

第四章　青春的旅途　　　　186

成为一个让自己满意的人 …………… 陈止戈/189
演讲让我看到了坚持的意义 ……… 罗凯元/197
逆光成长——如果遇到无法企及的光，就做自
己的太阳 ………………………… 涂皓开/204
旅行的发现 ……………………… 王芷瑜/211
窗外有风景，彼岸尚有荣光在 … 杨益茗/220

第五章　人生的美好　　　　224

夏天的故事 ……………………… 史雨绮/227
火灾过后，友情让我振作起来 … 唐佳蓝/235
朋友是困境中的一束光 …………… 王广熠/241
一次难忘的故乡行 ………………… 张永畅/248
一个普通小孩 …………………… 任芷含/256
追随光，最后成为光 …………… 吴家慧/261

第一章

成长的感悟

陈梓涵

出生年月：2005年11月

获得荣誉：

2022年参加广州市中小学校优秀艺术团队交流展示活动，参演戏曲节目《红围巾》获得中学组一等奖

在中国传媒大学外国语言文化学院双语主播研学中，获得"最佳表演奖"

2020年，参加第10届少年儿童电影配音大赛，晋级全国总决赛，荣获少年组"小亮星""全国10强选手"称号

参加番禺祈福新村学校主题朗诵比赛，荣获一等奖

参加番禺西区英语配音大赛，荣获一等奖

师长评价：

陈梓涵同学是一个聪明、帅气、性格开朗又带有一点腼腆的男生。他有与众不同的语言天赋。课堂上，他积极参与讨论，表现出优秀的思维能力和语言能力。同时，他热爱班集体，尊重师长，与同学们相处融洽。他是一个老师、同学都很喜欢的阳光少年，愿他心向未来，逐梦远方，收获美好！

致曾经的自己

可能和大部分文章不同,这篇文章是献给我自己的,无论是在过去的17年做过正确选择的自己,还是愚蠢、不成熟的自己。我感谢那些激励和感动自己的无数美好瞬间,以及促使我变得强大的挫折。

我是一位将不正经和幼稚集于一身的作者,不知道你之前看过的文章是什么样的呢?是庄重、严肃、特别有正能量?抑或有浓浓的家国情怀,憧憬诗和远方?还是博学多才、凌云壮志,字里行间都透着前无古人、后无来者的万丈豪情?的确,它们都各有特色,不过松弛和幽默感实在少见。在本文中,你会看到很多不出彩但真实的表达。

亲爱的自己:

你还好吗?写下这封信,是为了向你致敬。"曾经沧海难为水",追忆似水流年,往昔的岁月如电影画面般,一幕幕在脑海中浮现。画面中,依稀可见曾经的你。曾经的你,年少无知,只会顽皮;曾经的你,年少轻狂,憧憬着"大鹏一日同风起,扶摇直上九万里";曾经的你,迷茫、彷徨,不知道多少次在黑夜里摸索前行,前路漫漫,不知去往何方;曾经的你,在过去的17年里,走过了一条不平凡的成长之路,曲曲折折,甚至差点没学上。过去无论是正确的选择,还是愚蠢而不成熟的决定,每一个经历都塑造了现在的自己。

首先,我要感谢曾经努力的你:上五年级的你懵懵懂懂,由于学业规划的变更,从国际学校转头扎进应试小学,面对5年的知识缺口,你迎难而上、不畏艰难,不断努力奔跑、追赶,成为一个追风少年;顺利升入初中后,却迎来了自己的至暗时刻,幸运的是你在家人和朋友的帮助下,明白了或许自己身无长物,或许自己没有一技之长,或许自己普普通通,但是无论如何,不能对自己失去信心。

过往的明智之举让你走上了正确的道路,命运的丝线把对的人和事不断地交织和牵连。不知不觉,你褪去了身上的青涩,于每次晨风里宛然微笑,迎着每天的阳光,开始努力克服困难,开始坚持锻炼、强健体魄,开始认真钻研、努力学习,成就了现在的你:乐观、自信、会开怀大笑、畅所欲言,甚至做出曾经你认为愚蠢至极的趣事。这些蜕变不仅给予了你肯定和满足感,更重要的是,它们鼓舞着你继续前进,不断超越自我。

当然,也不能忽视那些愚蠢而不成熟的决定。或许有时你会后悔,觉得当初的选择太过草率,但请记住,每一个错误都是你成长的机会，也许你以前总喜欢一时冲动、拖拉、逃避甚至沉默，然而挫折与失败并不代表你的价值或能力有欠缺，而是一个提醒你重新审视自己、改变和成长的契机。请感谢那些打击和挫折，它们并不是你的敌人，而是你的助力。在面对失败和困难时，你学会了坚持和勇敢。一次次的挑战、一次次的失败，哪怕最后只成功一次，它们也塑造了你的性格，并让你变得更加顽强和坚韧，正如爱迪生所说："失败也是我所需要的，它和成功一样对我有价值。"

在这个过程中，有无数美好的瞬间感动和激励着你。那些来自亲人、朋友无微不至的关心和陌生人小小的善意，给了你无穷的支持和鼓励。

现在，最值得你骄傲和高兴的是你明白了，文字和语言是多么美丽、令人陶醉。每一次阅读练习都如同和作者心与心的碰撞和交流，让人或欣喜感动、或激情昂扬、或抒情婉转、或热血沸腾，这种美妙的过程让人欲罢不能、为之着迷。一篇篇动人的故事、一首首优美的诗歌、一段段振奋人心的话语，都在激励你努力前行，成为一个更加勇敢、善良和体贴的人。请记得将这些美好的瞬间珍藏在心底，时常保持微笑，向阳而生！

亲爱的自己，回首这 17 年的成长之路，我为你感到自豪。你经历了许多风雨，但从未放弃。现在的你，已经变得更加成熟和坚定，在面对未来的挑战时，你将会更加勇敢地踏浪而行、逐浪而上。

请继续相信自己的能力和潜力,不断努力追求更好的自己。

最后,感谢你一直以来对自己的付出。你是一个勇敢而独特的人,你的成长故事值得被赞美。让我们共同前行,迎接未来的挑战,创造更加美好的明天。由衷地祝福你,努力变得更好的你!

郭慕言

出生年月：2011年1月

获得荣誉:

2021年获得五洲畅想童星汇全国少儿才艺电视大赛江苏站金奖

2021年获得南京鼓楼区小学综合实践活动优秀成果二等奖

2021年获得第5届两岸青少年征文大赛小学高年级组优秀奖

2022年获得南京鼓楼区"放飞科技梦·一起向未来"电子报竞赛一等奖

师长评价:

慕言,你是个肯学、求上进的孩子,你给我的印象很深刻,因为你的优点很多。你爱看书,每次吃完午饭,你都能不受影响地安静阅读;你喜欢画画,每次你的手抄报都能让老师和小伙伴眼前一亮。时间过得真快,转眼你已经是中学生了,中学时间紧,任务重,一定要更加努力,争取"百尺竿头,更进一步"!加油哦!

我成长路上的三大利器

关于坚持

现在的孩子哪个不是多才多艺呢?我是郭慕言,我很喜欢舞蹈,小时候的我看着电视里的舞者翩翩起舞,心中别提多羡慕了,总会不由自主地跟着手舞足蹈。于是,妈妈就给我报名上舞蹈课,那时的我才三四岁呢。就这样,我一路坚持了下来,一直到现在,我仍在跳舞。如果你问我学舞蹈苦不苦,那我会回答,虽苦也无怨无悔。

记得我有一次去南京电视台表演,我跟着一群大姐姐排练。由于时间非常紧迫,老师一节课要教我们很多动作,每个动作对我来讲就是一次挑战,但我都咬牙坚持下来了。我现在还记得其中一个动作需要我们跳起来后,立即坐到地上,摆好姿势,迅速做下一个动作。我们这个动作做了好几遍,才勉强连贯,老师很有耐心,让我们一遍一遍去练习,熟练了再加入下一个动作。当天晚上回家,我的屁股非常痛,在被窝里偷偷流泪。老天不负有心人,我们在这次电视台的比赛中得了金奖,这都是我们努力的成果。其实在学习跳舞的这9年里,我曾经想到过放弃,因为我被检查出有隐性脊柱裂,很多重要的舞蹈动作就不方便过度训练了。虽然我知道自己很难成为优秀的舞者,但我会坚持把中国舞的十级证拿到。这将是我成长过程中一个很重要的纪念。

关于放松

我爱画画,杨老师教会我很多种绘画方式,比如水彩、素描、油画。我画过许多题材,其中我最爱画风景,特别是海边的落日。夕阳西下时,满天的晚霞将天空渲染得色彩斑斓,蔚蓝色的海面上跳跃着点点金光,在朵朵白色的浪花里忽闪忽闪,好像在和浪花捉迷藏。我先用棉签将近处的大浪花涂抹出来,再给大海上色,由浅到深;接着画出天空的颜色,最后为画面点上落日,在海面上洒下一片金黄。看着画慢慢成形,我的心里十分享受。

每当我拿起画笔时,心中总会有种宁静,放松的感觉让我沉浸在其中,这就是我在日常紧张学习之余最喜欢的放松方式。如果没有去上画画课,我就会在家里画二次元的动漫人物,特别是

《原神》里的风神温迪,我很羡慕她那吟游诗人般的自由自在。反正我觉得学习就是要一张一弛,妈妈对我的学习抓得很紧,有时让我喘不过气来,我就抽空在纸上涂涂画画。不知道你的放松方式是什么呢?

关于思考

当然,我在家时,除了学习,花时间最多的就是看书,妈妈常说我是一只"小书虫"。阅读已经成为我的习惯,记得有一本书叫《小狗钱钱》,它里面讲了很多关于如何赚钱的理财知识。你知道吗?在看这本书之前,我从来都没有思考过我能否挣钱,为自己所用,但在看完这本书之后,我列了3个理财小计划:①把每年得的压岁钱都放进银行里面存起来;②等存够钱了,我就自己去买个平板电脑;③再利用平板电脑给别人画画来挣钱。

只要你肯动脑去思考,财路就在你的身边。我还将这本书借给同学,因为有段时间,她家里经济紧张,我希望她也能和我一样,学习书中所教的理财知识,来帮助家里一起渡过难关。

我认为思考是突破自己最厉害的武器。不知道大家有没有看过《三体》这本书,如果看过的人肯定知道其中有这样一句话:"一张空旷的天空照片所包含的信息量比画面庞杂精细的《清明上河图》要大一两个数量级。"每当我看到这句话,就会去想为什么前者比后者信息量大呢?再深入想想,就能明白,原来《清明上河图》再怎么复杂,也只表达了一个意思——京城繁华;而一张天空照片可能会涉及好几个层面的事,比如太空射线、全球气候等等。你看:我们只要多思考,就能把问题想明白。

韩沛茹

出生年月：2014年7月

获得荣誉：

在"小豆伴"演讲与辩论初阶训练营荣获最佳辩手

获得优而秀青少年演讲实战营结业证书

上海蓝心慧制形象礼学小博士

抱朴讲堂青少年国学寒假研学营优秀学员

师长评价：

心情开朗，勇于表达，积极参与，齐步同行。

《残狼灰满》激励我成长

在我的眼中，有一种非常宝贵的精神，它是追逐。成长的道路并非一帆风顺的，但是身边总是有鲜活的范例让我能够在逆境中不断成长，内心的渴望需要经过挫折的洗礼，才能变得更加坚定。

在小学阶段，老师和家长会推荐不少阅读读物。我喜欢那些可以让人开阔视野的作品，比如大自然文学、动物小说等。作家沈石溪的作品，受到了很多同学和学校老师的欢迎，其代表作《狼王梦》是我的朋友们都非常喜欢的作品，读起来很有感染力。作品中的主人公精神影响着我们，让我们学会如何面对挑战。

比起小时候读的童话故事，现在的我更喜欢这样真实的故事。童话里的大结局虽然圆满，但是从此过上幸福生活的收尾让我觉得并不真实。沈石溪写的故事不是一块香甜的巧克力，而是一枚酸甜苦辣俱全的多味果。这种故事是我和同学们更喜欢的，因为它们更接近真实的生活。

让我尤其难忘和感到震撼的故事，是半个月以前看的《残狼灰满》,我向同学介绍这本书的时候滔滔不绝、话题不断。

《残狼灰满》也是沈石溪的作品,它描述了社会的严苛,主人公要放弃很多东西。一只名叫灰满的残狼,它原来是狼群中至高无上的狼王,可是它被猎人追捕,伤了一条腿;为了救同伴,和野猪搏杀,又被野猪咬断了一条腿,就变成了只有两条腿的残狼。残疾的狼在狼群里是没有威信的,于是它丢掉了狼王的宝座,脱离了狼群去流浪。狼群中最末等的贱狼黄鼬救了它,而且它们凭借坚强的毅力,克服了非常多的困难,靠着狩猎时的优秀表现,灰满重新夺回了狼王的宝座。

故事中有两个情节让我记忆特别深刻,就是灰满离开狼群,以及它克服困难,再次捕猎并回到狼群。回望自己的成长过程中有过的挑战、失落、伤心,我似乎真的感受到了灰满的内心世界。

还记得上一年级的时候,我还有些不适应。因为年龄小,不敢主动和同学一起玩,遇到问题也不敢找老师寻求帮助。因为没有上过幼小衔接,我面对眼前的一切都很不自信,不知道应该做什么,非常胆怯和不适应。老师在教我们写1—10的时候,我看到身边的同学刷刷地写,特别快,但自己记不住,就非常着急。幸运的是我有一位特别棒的班主任,她帮我争取到了咨询的名额,当时心理敏感的我感受到了非常多的善意和关爱,由此顺利地度过了一年级初入学的焦虑阶段。

融入不到一个团体里面,的确会让我们在成长过程中感觉到格格不入和不适应。长大以后再回看，就会发现，每一种经历都是有用的。我在读《残狼灰满》这个故事的时候，更加能够理解故事情节，明白当时主人公的心里在想什么。

离开狼群后的灰满，面对同伴的离开和背叛，那时候他是非常伤心的。这让我想起了我和曾经的闺蜜发生的一段故事。

我和她曾是非常要好的伙伴。在三年级的时候，发生了一件事，让我转变了对她的态度。大家在操场一起玩的时候，她故意使我受伤，我的膝盖磕破了，非常疼。我在那一刻委屈极了，没想到她不仅欺负我，还故意让我出糗。就在我思考要不要原谅她的时候，我回到教室，发现同学们都不理我，甚至躲着我。过了很久，才有人告诉我，是因为她说我这个人很做作，让大家不要和我一起玩。这件事情对我的伤害很大，因为彼此曾经那么信任，所以才让我更加难过。回想故事中的灰满，我能够理解它在被狼群抛弃那一刻的失落和难受。

在读到灰满后来被黄鼬救了时，我又替它感到庆幸。灰满身残志坚，靠自己的努力练习，它与黄鼬成为一对配合默契、动作敏捷的组合。我对灰满和黄鼬坚强的毅力非常佩服，它们合作爬悬崖、钻荆棘丛。因为和黄鼬搭档，灰满重新开始捕猎。作为一只残疾的狼，它可以捕到猎物并且拿回自己的权力，得到了众狼对他的敬佩。

我和灰满类似的经历是在辩论赛上的一次勇敢发言，让我战胜了心中的不自信。

小时候的我不属于话特别多的女生,甚至在人群中还有一点不敢说话。在自己的努力下,2023年8月,我拿到了辩论赛的最佳辩手奖!我特别意外和开心!我在走上舞台领奖的时候,身边的同学给我鼓掌,冲我微笑和欢呼,这让我非常的自豪。比奖项和荣誉更珍贵的是,我确信自己可以非常有逻辑地表达自己的想法,并且越来越自信,我会继续用最佳辩手的标准去要求自己!

我的爸爸妈妈非常喜欢国学,因为这个非常棒的机缘,我从6周岁开始就接触国学。当时的我对什么是国学还没有概念,也没有什么兴趣,直到跟随哲学和国学教授杜保瑞及他的博士们学习,才感受到了他们不同于普通人的人性光辉。慢慢地,我开始亲近国学,性格也从敏感在意转向豁达平和,更愿意主动和身边的人表达内心的想法,越来越阳光、积极、自信。我还会照顾身边的人,照顾家里患有重病的姥姥。在姥姥养病期间,体谅姥姥,并且照顾妈妈。爸爸给我的零花钱,我都会一点一点地存着,到了商场就给妈妈买一些小礼物,比如说,买妈妈喜欢的零食、发卡、香水,让妈妈开心、轻松一点。这让我看到了自己一点点的成长。

读了著名动物小说家沈石溪所写的《残狼灰满》后,我被书中那经历了各种困难与艰险的狼王深深地感动了,也让我感同身受主人公的动人经历。我把这个故事推荐给你,你读到这个故事时,欢迎你多多和我交流。

简志玲

出生年月：2010年4月

获得荣誉：

2020年获得"少青杯"广州市青少年高尔夫球积分巡回赛首秀纪念奖

2022年获得第八届澳门国际艺术公开赛音乐剧项目银奖

2022年获得小提琴吉尼斯挑战活动荣誉证书

2022年获得音爱莱剧音乐剧最佳表现奖

师长评价：

近几年,我认识了志玲,她很善良,而且你永远能感受到她的温柔。起初,她给人一种安静、害羞的感觉。即便如此,我能看出她是个理解能力强的学生,像海绵一样吸收着新知识。她曾经说过,她对自己没有信心,但是,渐渐地,我看到她的信心在一点点地增长。你会看到志玲好奇心很强,而且对任何话题都很感兴趣。她可以踏进科幻世界里,阅读自己喜欢的书。志玲很有创造力,也喜欢分享自己对小说剧情的看法。我很期待看到她更多的作品!

为自己而活

"来,哪位同学能顺利地背诵这一首诗?"记忆课的老师问道。

这首诗我会背,但是站在台上太尴尬了吧?如果我背错了怎么办?他们不会笑我吧?未来我怎么面对他们啊?算了,我还是不要举手了吧。我心想。

"老师,我想试试!"坐我后排的一位男同学跃跃欲试地说道。

他可真厉害啊,如果我是他就好了。我在心里想着。

"行!那就你了!"

男同学自信地走向讲台,然后就开始大声背诵了。

"咬定青山不放松,立根原在……"

"立根原在破——"

"哦,对!破岩中。千磨万击还坚硬……"

"坚劲!"

"千磨万击还坚劲,任尔东西南北风!"

"很好!你们组又加了一分,你真的贡献了很多!继续加油!"老师兴奋地说道。

虽然这个男同学没有很流畅地背下来,可是他依然抬头挺胸地坐回自己的位置。我可真羡慕啊。

这就是我。一个内向到不敢自己去逛街的小女孩,一个"社恐"到不敢当着全班同学的面举手跟老师说想去上厕所的学生,一个胆小到不敢去问老师问题的13岁"大宝宝"。

从小到大,我都非常害怕陌生人,他们的一个眼神或者一句话都让我瑟瑟发抖。我非常恐惧讨论我的人,不管他们是在夸我还是贬低我。我努力让所有人都认为我是一个完美的小孩,我真的很在意其他人对我的看法。

记得我五年级参加颁奖典礼时,和几个同学被叫上台。听到我的名字时,我顿时紧张了起来,心里想着:救命!上舞台好尴尬,怎么办?我强压着紧张情绪,和我的一位朋友Elsa上了舞台,我选了一个很角落的位置站着,低着头,耸着肩,我尽量让我的存在感降到最低。我朋友看着我,问道:"Jacinda,你干吗呢?为什么每次都这样啊!"

我理所当然地回答道:"这样就没人可以看到我了,多好啊!"

我觉得自己太丑了,别人看到会说我。我明明知道这样不对,可是我真的很怕别人对我指指点点,即使他们是在夸我。

我上台领奖耸肩一直耸到了七年级,这导致我现在肩膀硬得要命,而且因为长时间低头走路,我驼背了。每次回看我领奖时的照片,我都觉得自己丑得不得了,因为怕,所以耸肩驼背;因为觉得丑,所以继续耸肩驼背。

  我们每年都会拍年鉴照片。每年到了那个时间,我都会努力让自己变漂亮,可是我虽然变漂亮了,我的表情还是让照片毁了。由于我太放不开了,所以我拍照的时候,眉毛是皱起来的,显得非常不自然。我的朋友说,别皱着眉头,丑死了,可是我觉得这样拍真的很尴尬。就这样,我三年的年鉴照几乎一模一样,都是一张皱着眉头的脸,非常难看。我在看到我七年级的年鉴照后,决定未来的照片都真实地展现自己,不再当以前那个胆小鬼了。

  我妈妈告诉我:"耸肩无比丑,反而更能够让人一眼就看到你。你要为自己得到这个奖感到骄傲,而不是尝试让所有人都看不到你。你凭实力获奖,就要大大方方地展示自己,这没什么问题。"我听进去了我妈妈的话,我以前从来没这么想过,慢慢地,我放开了很多。

  在七年级的颁奖典礼上,虽然我还是没有昂首挺胸地上台领奖,但至少我没有耸肩,也没有皱眉,我把头稍微抬高了一点点,尝试自然地笑。果然,自信的照片比以前的好看多了!后来,我和朋友们去西北玩,拍照时,我都在尝试慢慢地放开一点,然后越来越自信地朝镜头笑。照片很自然,也很真实,这样才是最好的呀。

  其实不仅是在学校,我的"社恐"还体现在生活中。有一次,我哥哥陪着我去一个专辑店,但是因为店里没有其他顾客,所以我一直不敢进去。因为店里没有顾客,所以我不知道这个店关门了没有。我害怕店里的老板会一直看着我选专辑，加上这是我第一次买专辑，这让我非常不自在。最后，还是我哥哥催着我快点去买，我才鼓起勇气进店里的。

比这个更加离谱的是有一次我和朋友约好逛街，可是我到达时，我朋友还在路上。这让我无比头疼，因为我不敢自己逛街啊！自己逛街对我来说比考试还难，我会非常离谱地觉得其他人看到我一个人走路，会开始讨论我。虽然逛街的都是陌生人，我也知道没人会在意我，可是心里还是会非常害怕，所以我选择了乖乖坐在椅子上等待我的朋友。后来，我反思了我的行为。我想逛街是自由的，谁都可以逛街，不管是一个人，还是一群人。一个人虽然孤单尴尬，可是你不用顾虑别人的想法，做你想做的事。

"社恐"和害怕丢面子还导致我不敢去参加活动和去学兴趣特长。我从小学三年级开始学高尔夫，直到小学五年级，我的水平已经完全可以参赛了，但因为我的"社恐"，我放弃了这项学了两年的运动，原因只有一个——我很害怕别人对我的看法。我很害怕其他人看不起我，所以每一次下场时，我都很不乐意。

"你都不想上课，那你就别学（高尔夫）了。""你连一点苦都吃不了，别打（高尔夫）了。"这些是我爸爸在我快要放弃高尔夫时说的话。下场是学高尔夫最好的方法，只可惜我因为"社恐"而放弃了。当我开始慢慢不愿意上高尔夫课时，我妈妈也会经常对我说："学了这么久，说放弃就放弃，浪费的不是我们的钱，而是你的时间，宝贝。"我父母的话让我意识到我可能坚持不下去了，就这样，我放弃了高尔夫。

本来我以为我会很后悔，但实际情况是我后悔的不是放弃了高尔夫，而是我因为"社恐"而放弃了高尔夫，所以，当我找到了一个更喜欢的运动时，我决定不再放弃。我真的很不喜欢自己以前的样子，有些讨好型人格，做什么都要想着别人的看法。

我放弃高尔夫后，开始学网球。网球比高尔夫累多了，但是因为我不想放弃，加上我很喜欢这项运动，所以我已经学了大概两年了。我不确定我能不能坚持下去，但是我已经破纪录了，我竟然学了大概两年了还没想要放弃。我坚持下去是为了不再做那个半途而废的小孩，也因为我的教练很理解我。每次上课，我都会让自己变得积极，而我的教练也会让我在学到东西的同时，让我很开心。

在这一年里，我成长了很多，我的父母给予我最多的帮助。随着我慢慢长大，我开始注意我的形象和行为，并学会做出改变。我们活在这世上，是为了自己而不是别人。当你过度在意别人的看法时，你就是在自毁。我认为在别人眼里，我们就是他们生活中的那些或大或小的树。即使我们有时候很碍眼，挡住了别人的视线，但是他们不会想多看一眼。只有特别与众不同的树，才可能会被人多看几眼。可普通人就像路边的树，看上去几乎一样，别人才懒得去议论每一棵树。当我放弃了高尔夫或者其他东西时，在外人看来,就是一棵平平无奇的树枯萎了。他们不认识这棵树,但是觉得它很可怜。一棵和其他树一样高的树突然倒了,它就会变得格外引人注目。我们不能因为害怕而退缩、放弃,从而毁掉自己的计划。

最后,我想说:"为自己而活,活出自己的人生。"

李希仁

出生年月：2013年9月

获得荣誉：

2019年9月获得珠江·恺撒堡国际青少年钢琴大赛(广东赛区)二等奖

2020年1月获得第6届澳门国际艺术公开赛(中国赛区)钢琴金奖

2021年7月获得第5届中央音乐学院全国青少年艺术展演(市级)器乐类钢琴独奏项目金奖

2021年7月获得第14届上海国际青少年钢琴大赛(广州赛区)一等奖

2021年8月获得珠江·恺撒堡国际青少年钢琴大赛(广州赛区)一等奖

2021年12月获得"华艺杯"青少年钢琴艺术周特金奖

2022年1月获得第10届施坦威全国青少年钢琴比赛规定曲目组广州决赛一等奖

2022年5月获得"天河之春"美育节器乐比赛一等奖

2022年5月获得榜样少年艺术展演总决赛(钢琴组)一等奖

2022年6月获得新时代出彩少年全国青少年器乐专场展演(广州赛区)一等奖

2022年7月获得第12届中国少儿小金钟音乐大赛(广州赛区)金奖

2023年6月获得易道网球比赛冠军

2023年8月和郎朗同台演奏钢琴

2023年8月参加英皇钢琴八级演奏考试,考核结果为优秀

2021—2022、2022—2023两个学年,连续获得广州市"红领巾奖章"三星章

师长评价:

希仁人如其名,是个孝敬长辈、关爱他人的"小暖男"。他妈妈经常被他感动得发出由衷的赞叹:"生子当如李希仁!"

勇往直前

清晨的阳光透过窗帘的缝隙钻进酒店的房间,妈妈缓缓拉开窗帘,让阳光铺满我的床:"起床吧,我们去 hiking(徒步)。"

妹妹一听要登山徒步,一脸不情愿,我其实也更愿意舒舒服服地待在空调房里,但如果妈妈想去,我一定要陪着。于是,我迅速从床上爬起来,整装待发,准备大显身手。

酒店附近有专门的徒步径,我看攻略说全程走下来大约需要 2 个小时,我们觉得很合适,不会太累。刚开始的 1 小时,一切都很美好,徒步径被酒店装扮得特别漂亮,满目青葱,清晨不会太热,阳光透过树叶间隙,洒满了整条小路。妈妈、妹妹和我都精神饱满,边走边照相,愉快地聊天,非常轻松。

慢慢地,地面温度逐渐升高,我们有点累了。为了让我们补充足够的水分,妈妈背了很多瓶水,非常重,遇到上坡路,她都走得有点气喘吁吁。我想帮她背一下背包,但妈妈说等我长得比她高的时候,就让我负责背。我知道那是她的借口,她其实是在心疼我,但我也会心疼她啊!于是遇到上坡路时,我会用手托着包底,尽量帮她减轻一点负担。妈妈突然感觉到背包轻了,惊讶地扭头看,发现原来是我在帮忙,于是脸上露出欣慰的笑容。幸亏背了这么多的水,否则我们后面真的坚持不下去。妈妈背包里背的不仅是水,更是她对我们沉甸甸的爱。

当我们以为只要再坚持走1个小时,曙光就会出现在前面时,一个巨大的麻烦出现在我们面前:前面竟然出现了三条分岔路。

第一条是山路,我们一直在爬山,应该继续走山路吧?

第二条是石子路,路边的树上挂着一个指示牌,上面只有一个箭头,指着这条路的前进方向,却没有说明文字,应该跟着箭头指示的方向走吧?

第三条是柏油马路,两旁景色优美,蝴蝶在花朵上翩翩起舞,仿佛在邀请我们走这条路。

我们犹豫不决,想问路,周围杳无人烟;想导航,手机没有信号……几乎把所有的方案都想了一遍,但都行不通。我的脑子里乱糟糟的,怎么理都理不顺,毫无头绪。我的心里同时出现了三个小人,他们分别用手指向三条路的方向,一直在争吵,最后,指向山路的小人吵赢了,于是我选择继续走山路。大约又走了半个小时,路越走越窄,突然迎面走来了一个伯伯,我像看到了救星,马上向他打听前方的路是不是回酒店的,伯伯的话给我当头浇了一盆凉水:"不是呀,前面是通往我们村子的。"唉,走了那么久,白走了!我做了错误的选择。看我泄气的样子,妈妈笑着安慰道:"这不是你的错,爸爸不是经常说吗?你勇敢地做决策,我们一起来承担后果。现在也没什么大不了的,我们再试一次嘛!"想起我爸爸的话,我又打起精神来,因为爸爸是我的偶像,我说:"我们好好分析一下,剩下的两条路,二选一,该怎么选?"妈妈又笑了,说:"我们还有一种选择——原路返回!这样绝对不会走错,对路程基本是心里有底的。"走回头路?我觉得那是逃兵的做法,原路返回的话,那我就不知道前方的风景有多精彩了。"走回头路看到的都是看过的风景,多没意思!我想勇往直前!"妈妈点头表示赞同,我感觉她提出这个方案就是为了试探我遇到困难会不会退缩,她说:"我就猜你一定不愿意走回头路,那我们就再出发!"

我们打起精神,重新上路,但幸运之神依旧没有眷顾我们。顺着有指示牌的石子路大约又走了一千米,这次路倒是越走越开阔,但我们听到越来越多的"汪汪汪"的狗叫声,而且声音越来越近,接着我们看到路两边有好多狗在窜来窜去。怕狗的妹妹吓得大惊失色,魂都飞了。我只好叫她在原地等,我快走几步到前面去探路,发现前面已经没有路了,路尽头的屋舍门上挂着牌子,赫然写着:"内有警犬,请勿靠近!"警察叔叔告诉我这里是警犬训练基地,不允许通行。这意味着我们又选错路了。看到妈妈一脸疲惫,我的心里真的很难过。

我垂头丧气地第二次走回刚才的分岔口,腿已经累得迈不动了。此时距离我们出发已经过去了将近 4 个小时,跟我们预期的在3小时内完成全程相去甚远。我知道妈妈包里的水已经不多了,因为我看她除了定时叫我和妹妹补充水分外,她自己已经很久没喝过水了。我知道她肯定是因为不知道还要走多久,怕水不够,想省下来给我们喝。想到这里,我好心疼妈妈,更感到绝望无助,好想号啕大哭一场。妈妈似乎看穿了我的心思,拉着我的手安慰道:"我家的小狼已经做得很好了,一直陪伴着妈妈,还给妹妹鼓劲!如果没有我家小狼崽,走在这么荒无人烟的山路上,我还有些害怕呢!"妈妈希望我勇敢、坚强时,会称呼我为小狼,鼓励我要好好学习本领,磨炼自己,将来好成为像爸爸一样优秀的"头狼"。想起爸爸,我突然来了精神,如果他遇到这种情况,他会怎么做呢?他一定会乐观地安慰大家,冷静地分析形势,然后牵着我和妹妹的手,边聊天边继续往前走。想到这里,我仿佛看到了爸爸亲切又坚定的样子,于是对自己说:"小男子汉,加油!"我又有了力量,牵起累得快要哭出来的妹妹的手,大声地欢呼起来:"太棒了!"妹妹以为我累傻了,皱着眉头看着我,我继续说:"换个角度想,我们现在已经找到了回去的正确的路了,只要坚持走下去,马上就能回到酒店。这不是很值得高兴吗?"妹妹被我的歪理逗笑了,心情也好起来,也开始正向地去想问题:"而且我们也看到了沿途三种不一样的风景。"

  我们三个又重新出发,经过5个多小时,我们终于走回了酒店。途中,其实我们有遇到过酒店的电瓶车,但我们三个还是决定自己继续走,彻底磨练一下自己的意志力!

无论是登山徒步,还是奔赴未来的人生,我都不会选择退缩,走回头路,我会一直勇往直前!

我相信,只要一直坚持,就一定会胜利!

李紫郡

出生年月：2013年9月

获得荣誉：

获得中国音乐学院声乐十级证书

获得北京广播影视培训中心朗诵十级证书

获得北京广播影视培训中心播音主持十级证书

2019年1月获得澳门国际艺术公开赛全球总决赛（语言艺术）金奖

2019年5月获得亚洲国际艺术大赛（中国赛区）声乐一等奖

2019年6月获得第5届"曹灿杯"青少年朗诵展示活动金奖、朗诵之星

2020年9月获得第3届"超级星主播"中国国际青少儿主持人大赛（广东赛区总决赛）冠军

2021年7月获得第5届中央音乐学院全国青少年艺术展演（市级）声乐类独唱项目金奖

2022年5月获得榜样少年艺术展演总决赛（钢琴组）一等奖

2022年8月获得第2届广东省朗诵大赛总决赛（小学A组）特等奖

2022年8月获得第12届中国少儿小金钟音乐大赛全国总决赛(声乐类)金奖

2022年6月获得新时代出彩少年全国青少年语艺专场展演(广州赛区)一等奖

2023年4月获得"中视杯"全国青少儿语言艺术展演总决赛特金奖

2023年6月获得广东省首届红心向党·革命故事会冠军

2023年8月获得"致敬英雄"朗诵演讲大赛(广东赛区)一等奖

2023年11月获得广州市第17届学校合唱节高水平组一等奖

2021—2022年连续获得广东省"红领巾奖章"四星章

师长评价：

紫郡的性格乐观开朗,脸上永远都带着灿烂的笑容,是个富有行动力又充满正能量的孩子。她热心学校事务,是学校的大队委以及广播台、合唱团的成员;她积极参加社会活动,曾多次参与电台和电视台的节目录制。她天生具有很强的表达与共情能力,拥有丰富的表演经验,而且场面越大,发挥越好。

获奖通知书

亲爱的海峰同志：

您好！

我是您的宝贝女儿郡郡。这次写信的目的是要恭喜您荣获"珠江俊园×栋××03好爸爸"称号。尽管在我的记忆中，您是一个神奇的"隐形爸爸"，不能经常陪伴在我们身边，但您对妈妈、哥哥和我的爱却从不缺席，让我们无时无刻不沐浴在浓浓的爱中，感觉无比安心与温暖。

听妈妈说，为了让妈妈有更多时间照顾我和哥哥，在我们出生后，您就一个人担起了养家的重担，整天在全国各地出差奔波，在家里的时间特别少，一年算下来可能还不到3个月。我印象中的您，要不就是披星戴月地往返在机场和家之间，要不就是用已经嘶哑的声音和别人打电话讨论工作，还有就是深夜挑灯，专注地敲打着电脑键盘。

因为工作实在太忙了，您几乎没有时间辅导我们做功课、陪我们玩耍，但我记得您每次出门前，不忘给睡眼蒙眬的我掖好被子；

做作业时,您默默地往我桌上放上一杯温水;运动后,您第一时间给我拭去头上的汗水;我伤心时,您立刻停下手中的工作,给我一个坚实的拥抱……在每一个我需要帮助的时刻,您都能神奇地出现。

每次您来接我放学,总是乐呵呵地远远就跟我挥手打招呼:"郡郡,我在这里!"然后快速接过我的书包,牵起我的小手,对我嘘寒问暖。说实话,您的手有点粗糙,但我知道那是因为您经常拉着重重的行李箱出差磨出来的。看着您头上豆大的汗珠,我猜,您一定又是刚放下行李就赶过来接我的。

唯独有一次例外,那次我和妈妈算好您到家的时间,但左等右等都没听到开门的声音,我迫不及待地给您打电话:"爸爸,您怎么还没回来啊!"电话那头传来您气喘吁吁的声音:"我宝贝女儿不是说要吃牛肉饼吗?买的人有点多,爸爸还在排队呢!"原来是前一天晚上我俩打电话聊天的时候,我说想吃新开的那家牛肉饼店的饼,没想到我随口一说,您就记在了心里,下了飞机,拖着行李箱就去排队。我都能想象在炎炎烈日下,那么怕热的您,汗流浃背地边排队边想着我这个小馋猫能美美地吃上饼,满脸又疲惫又开心的样子。我的鼻子都酸了,一张饼,哪能比得上您对我满满的爱!

您对我的好,我全部都记录在我心里的小电脑里,那些看似不经意却温暖我的瞬间,已经储满了我的内存卡。

爸爸,谢谢您给予我们润物细无声的爱,获得"好爸爸"的称号,您实至名归。请携这封获奖通知书,来我处领取"掌上明珠甜蜜拥抱"一个以及"女儿永远爱您"的承诺一个。

我也会努力让自己变得更优秀,争取将来也能获得您颁发的"好女儿"称号!

祝您工作顺利,身体健康!

爱您的女儿

李紫郡

2023 年 6 月 6 日

林宇轩

出生年月：2007年1月

获得荣誉：

2023 年在"无忧学习力"夏令营中被评为优秀助教

2022 年在南昌市第五中学校运会中荣获男子 1000 米第二名

2021 年在景德镇市中学生运动会中荣获男子 1000 米第二名

2019 年在昌河实验小学春季运动会中荣获六年级男子 400 米第五名

2019 年在"曹灿杯"全国朗诵大赛（江西赛区）语言比赛中荣获金奖

在"绿地杯"第 2 届全国青少儿语言艺术大赛（景德镇赛区）中荣获最佳勇气奖

在中国童星榜选拔活动总决赛中获得表演类少儿组优秀奖

荣获 2012 年度"梦想中国"全国才艺大赛（江西赛区）语言英语类少儿 A 组一等奖

荣获 2012"新丝路"中国国际少儿模特大赛（景德镇赛区）幼儿组十佳

荣获第 4 届江西少儿模特电视大赛（景德镇赛区）幼儿组最佳魅力奖

师长评价：

　　学习改变思维，思维改变行为，行为改变习惯，习惯改变命运。在我们成长的过程中，会遇到许多的荆棘、坎坷，也会犯很多的错误。在错误中不断地学习、成长、反省自己，那么每一个人都会遇到更优秀的自己。学习的意义不只是为了取得好成绩，重要的是学习能够改变我们固化的思维模式，从而改变我们的行为、改变我们的习惯、改变我们的命运，所以学习是贯穿我们一生的。正值青春年少的你正处于精力的巅峰，有无限的可能与潜力，只要你把握每一个当下，向阳而生，一切的美好皆属于你。

我是一个坏小孩

若结果并非所愿,那就在尘埃落定前奋力一搏

——题记

你好,朋友,无论你处于人生的哪一个阶段,无论你是学生、职场人,还是老板、自由职业者……我想问你一个问题,你真的想好以后要过什么样的生活了吗?我想看到这个问题的你,一定觉得这个问题在有些时候就是一种灵魂考问。我不知道你是否这样问过自己,我问过。我庆幸我这么早就开始思考这个问题,现在想想,最开始问自己这个问题的时间是在中学时期。

你可能很难想象,现在正在写作的我曾经是一个坏小孩,至少在大多数人眼中或者说传统观念中是这样。从初一到初二期间,我不学无术,几乎从不学习。当时班上流行一款名为《王者荣耀》的游戏,我抱着试一试的心态开始接触这款游戏,没想到很快便上了瘾。玩过《王者荣耀》的都知道,要成为高级玩家也不是一件非常容易的事情,班上的同学们在玩《王者荣耀》的时候,会崇拜高级玩家,而我就是他们心目中的"大神",因为我的操作水平永远高于

其他人。这使得班上的男生们都非常崇拜我,我很快成了班上男生的孩子王。

那时的我,和我的几个"好哥们儿",每到上课的时候便躲着老师的目光,在桌子底下玩手机、打游戏。一开始,老师还会批评我们,时间一长,老师也不批评我们了。我们还在窃喜,觉得自己胜利了,其实是老师放弃了我们,连说都懒得说了。还记得老师最后一次说道:"你们以为躲的是老师的目光?其实你们躲的是自己的人生。"可我年轻气盛,沉迷于游戏,这些话哪能听得进去?如果我只有游戏打得好,可能我当时也不会那么狂妄、目中无人,可是除了游戏之外,我还是运动场上的佼佼者。

当时的我,在1500米和3000米这两个项目上,在全市青少年中绝对是领头羊的存在。在初二的全市青少年运动会中,我这两个项目都取得了金牌。我认为,我的体育与我的游戏都是顶尖的存在,我以后可以做游戏主播或者体育生。不管哪一样,我以后都能拥有很好的前程,我何必去挤学习这座独木桥?我不仅是这么想的,事实上我也是这么做的。学习对我来说,仿佛成了副业,我每天去学校都是打游戏和练习体育,我甚至还嘲笑身边努力的同学,认为他们现在这样努力,以后过得也没有我好。我不知道同学们听到我的嘲讽后是什么心态,是同样嘲讽我,还是不在乎我这样的"坏学生"的想法?我不得而知,但我能够深切地感受到,在那个时候,父母的眼里满是失望,而我却认为父母失望的眼神是我的战利品,我就是对的,我可以做我最擅长的事情。

也许是上天眷顾我,没有让我在这条不正确的路上走太久,转变发生在初三的上学期。当时,我的母亲实在看不惯我一直这样虚度光阴,没收了我的手机。没有了手机,我就没有了游戏的战场。与此同时,我的父亲也和我进行了一次我人生中记忆最深刻的谈话。他与我的这次谈话,现在看来就是我人生的转折点。

父亲说:"儿子,的确,你的游戏打得非常好,可是就算你现在去当职业选手,你能打几年呢?职业选手的职业寿命很短,你只能打到25岁,那25岁之后的人生呢?你想好去干什么了吗?再说说你的体育之路,运动员的运动生涯也很短,你的巅峰期有几年?你想好了你退役之后去干什么吗?实在不行去当一个体育老师?体育老师也是需要考试的,还不一定能够被录取。一切都没有你想的那么简单。"父亲的话让我愣住了,仿佛点醒了我,我的心里五味杂陈。

我开始不断地问自己:"我真的想把游戏和体育作为我的事业吗?我真的想在这些领域取得成功吗?"我茫然了,我发现自己没有答案,这证明我内心深处可能并不想一直走这条路。也许真的可能因为我吃不了学习的苦,可能因为我觉得游戏带给我的快乐比学习的多得多,可能因为游戏比学习轻松太多了,我好像从未认真思考过这些问题。

就算父母不找我谈心,那个时候,我也正在经历人生中的第一个迷茫期。虽然我嘴巴上一直在说打游戏和练体育的好处,但实际上,我发现游戏打着打着,总有人比我厉害,我在游戏的世界里还是太平庸了,比我强的人实在太多了。在体育上,那段时间,我恰好受了伤,无法训练,再回到赛场上,退步得一塌糊涂。这样的结果并非我所愿,我从来没有想过这些,但可以确定的是我不想就此认输,我的人生不应该这样子一塌糊涂。

父亲这段话刻进了我的内心,在之后的几个月里,我一直在与自己的心灵对话。我问自己:"难道我之前选择的就是完美的人生吗?我到底要不要改变自己?"终于,我听到了心底最真实的声音:我不应该沉溺于网络世界里了,我决定向现实发起冲击,我决定用努力击碎这黑暗的处境,我本不该如此沉沦,我的人生可以比这更好!

我真正的改变是从初三下学期开始出现的。进入初三下学期,就是紧张的一轮复习,基础不好的我就从一轮复习开始拼。那时,夜里十二点的景德镇与清晨六点的景德镇,我都已经司空见惯。我因为一道数学题而焦头烂额,因为不会一句古诗而怒骂自己,也会因为一次考试的失利而掩面失声,我仿佛陷入了一个更深的泥潭,生活仿佛看不到光。可即使这样,我也没有放弃,我一边焦头烂额,一边努力地寻找题目的解法,背不出来的古诗,我就一遍一遍地背,考试失利我就从头再来,我相信击不倒我的终能使我变得更加强大。可能我在学习上有一定的天赋,也可能是我的努力终于有了回报,仅仅在一次模拟考之后,我的成绩便从班级第 40 名进步到了第 20 名,所有人都在为我的进步而兴奋。但我认为这还不够,我继续努力,比之前睡得更晚,学习得更努力。在第二次模拟考之后,我在班里的名次又前进了 5 名。

中考结束后,功夫不负有心人,我顺利被南昌市第五中学录取,我的成绩和我初三上学期最后一次模拟考相比,整整进步了 200 名。

对于我考试的成功,有人说我是天才,他们说我用半年的时间达到了他们努力三年的效果,可我觉得没有任何一个人是天才,这半年里,我花在学习上的时间至少是别人的三倍。我想告诉大家,只要你下定决心努力,一定会绝处逢生。

我是一个坏小孩,但坏小孩不是笨小孩,只要努力,终能获得属于自己的精彩人生。

第二章

兴趣的魅力

江咏衡

出生年月:2012年3月

获得荣誉：

"世界和平"主题美术画展国际金奖

第 24 届千禧龙杯全国青少年书画大赛金奖

速写美术考级七级

"天河之春"第 6 届美术大赛二等奖

粤港澳大湾区青少年音乐周银奖

第 10 届澳门钢琴大赛二等奖

钢琴考级五级

剑桥英语 PET 证书（口语卓越）

第 2 届大湾区青少年英语嘉年华演讲比赛优胜奖

2022 年度三好学生

师长评价：

江咏衡从小就展现出独特的艺术天赋，对自己热爱的事物有着强烈的追求欲和目标感。她的想象力和创造力是丰富的、多彩的。我们鼓励咏衡去追求自己的梦想，更期待咏衡能在追求梦想的道路上不忘初心、不负芳华，并从中得到快乐。加油咏衡，加油宝贝，爸爸妈妈永远支持你！

在美术逐梦的道路上闪闪发光

别人眼中的美术

有人认为,只有学习成绩不好的人才会去学美术,走特长生路线。在他们眼中,走美术路线相对比较轻松。也有人认为,学美术的人家里一定很有钱,所有的奖项和荣誉都可以用金钱换来。实际上,是这样吗?

我心目中的美术

当大家都在贬低和物化美术的时候,我会对他们大声说:"才不是!"我眼中的美术,是那样的多姿多彩,它不是人们最后的退路,更不是一项简单的技能。真的要达到大师级的水平,没那么简单,你必须要掌握色彩、线条、明暗、空间、构图、透视,还需要理解作品的内涵等。以学漫画为例,学习漫画的步骤是什么?首先要把画像的每个部位反复练习,比如眼睛,就需要了解其结构,像眼白、眼珠、瞳孔、睫毛、双眼皮……靠近上眼皮的眼白应该画深一点,再慢慢渐变成浅灰色。要想画面变得精致、美观,就需要在细节上下功夫。其次就要练习人体的动态,根据人体运动的姿势勾勒线条,最后再给人物套上各种服饰。最后,画画需要有想象力。每个人有不同的风格,要挣脱临摹的限制,抛弃死板的理念。我认为画画不能无趣地模仿,而应该创造出自己的风格,需要有想象力,需要带入自己的情感,这才是难点所在。

我的美术之路

从 3 岁起,我就对美术产生了极大的兴趣。4 岁时,我正式踏上了学习美术的旅程。6 岁时,我就有了坚定的目标:以后要考上中央美术学院!如今 11 岁的我,已经学习了油画、漫画、创意画、立体画、风景画等,磨炼出了突出的绘画能力。功夫不负有心人,我获得了许多奖项。最近,我在家里的走廊上挂满了自己的画作,给家里添了一道美丽的风景线。看着那一幅幅画作,我不禁感叹道:"这才是对美术的热爱。"其中我最喜欢的是《星月夜》。原作是由凡·高创作的,运用夸张的手法,整个画面被一股汹涌、动荡的蓝绿色激流所吞噬，旋转、卷曲的星云体现出夜空的活跃，这就是一位精神病患者的世界。我通过临摹这幅画作，深刻体会到凡·高画这幅画时，状态极其疯狂，手法随心而行，尽情释放内心的压抑。通过模仿他的画风，我体悟到了人画一心的绘画思维。当然，在学习美术的道路上，也会遇到一些困难，比如去澳大利亚游学，我一直找不到学习画画的机构，费了不少精力，幸好最后找到了。在学习美术的道路上，我也曾想过放弃，有一段时间总觉得枯燥无味，但我庆幸自己坚持下来了。现在仔细回想，才发现当时只是学习任务太重了，忘记了用心去体会和享受。

不在乎别人的看法，快乐追寻梦想

我的画可以占满整个天空，因为那是我的世界，不被别人定义，那也是我的内心，有着无限的惊喜等我去探索，是梦幻的，是奇妙的……什么是梦想？梦想是对未来的期望，是心中努力想要实现的目标。什么叫别人的看法？别人的看法不代表自己，别人的观点不见得就是正确的。如果你真的很想追求梦想，就不需要在乎他人的眼光。

威尔逊曾说过："要有自信，然后全力以赴——假如具有这种观念，任何事情十之八九都能成功。"如果我们有梦想，就大胆去追逐。相信我们以后都能在自己的舞台上闪闪发光！

姜钰鋆

出生年月：2007年3月

获得荣誉：

三好学生

师长评价：

爱打抱不平的你，要学会保护自己。

爱动漫的你，不管遇到多大的挫折，都要像动漫主角一样，怀着梦想，勇往直前，永不言弃，积极面对！

生命是一趟没有返程的列车，在路途上会遇到各式各样的"礼物"，有惊喜、有快乐、有幸福，同时也会有悲伤、有难过、有愤怒。希望你抱着平常心去面对、接受它们，让生命中的每个瞬间都变得美好。

作为你的父母，我们愿意一直陪伴你，希望你可以独立自主，拥有自己的梦想，并朝着梦想前行。在劳累的时候，我们是你的依靠；在快乐的时候，我们愿意听你的分享。

愿你可以通过自己的努力，点亮自己，开启智慧之门。

绘画与我的梦想

我叫姜钰銎,是一个即将上高一的女孩子。我从小便有一个梦想,我想成为一名漫画家。

每个人都有自己的兴趣爱好,像踢足球、打乒乓球……当然,我也有自己的爱好——画画。准确地说,我不是只把它当作兴趣爱好,而是认为它是一种艺术,我自然希望未来的职业能与画画有关。不过,喜欢画画的人有很多,但是没有几个人是真正想做漫画家的,那我又是怎么在众多与绘画相关的职业中,选择了将漫画家作为我的职业梦想呢?这还要从我小时候说起。

我的动漫启蒙人是我的爸爸。有一次,爸爸在看动漫《七龙珠》,它讲述的是主人公孙悟空和它的伙伴们为了寻找神龙,踏上了寻找龙珠之旅,并与邪恶势力展开搏斗的故事。爸爸看的是主角们与反派布欧的战斗,我因为好奇,凑过去和爸爸一起看,不承想因此引发出了我的梦想。那时,我觉得主角团中的角色都好坚强,受了这么多的伤,却还坚持与反派战斗,好像什么困难都打不败他们。在那一瞬间,我觉得热血沸腾,精神百倍。自那以后,我喜欢上了动漫,动漫能给我带来触动与震撼,我也想传递这份震撼,所以我立志要成为一名漫画家。

要成为漫画家,首先要会画画。万事开头难,最初我只会画火柴人,甚至火柴人也画得不是很好看,于是我开始去模仿,模仿别人的画法,即临摹。时间长了,我逐渐摸索出了一些窍门,画人物不再单调,而是有了生动的表情,衣服上也会有褶皱和复杂的饰品了。

渐渐地,开始有人夸我。印象最深的是我有一次在托管班,比我小的学员们看到我的画时,她们都说我画得好好看,每次放学都迫不及待地想看我的画。她们激动的表情我至今都记得,她们那种迫不及待的感觉就是对我画作的认可,令我兴奋不已,让我内心充满自豪。

后来,妈妈带我去学素描。我一开始觉得素描是给画画打基础的,所以我认为素描不会很难,但是我发现它并没有我想象的那么简单。在刚开始学素描时,我要练习排线。排线就是将一组组的线排开,这个排线练习持续了很长时间,几个小时的课,几乎有一半时间都在练习排线。这枯燥无味的练习一度让我怀疑我学习的是不是真的素描。直到我从枯燥的排线练习进阶到几何体,我才感觉到素描并不简单,还是有一定难度的。平日里,很多人画几何体时,一般都会用尺子去画。正方体、长方体的素描,看着很简单,但如果我告诉你,画这些正方体、长方体的时候,不能用尺子,而且还要画得跟用尺子画一样直的时候,你会有什么感觉?我想你跟我一样,一定会手抖。因为你的手只能悬在空中,用笔尖画出一小段一小段的线,慢慢地勾勒出几何体的轮廓。你可能想直接一笔画完,就不会那么麻烦了,其实并不是这样,一笔成形是绘画高手的专长,而当时的我还是素描绘画的入门者,一笔画下去控制不好力度,太过用力很难修改,并且铅笔很可能因此直接断了,需要重新削笔,这很浪费时间。

在练习中,我深深感受到了专业课的漫长与枯燥,其乏味程度使我一度想放弃绘画,但人们在真正喜欢的事物面前,很少会真正放弃,我也一样。每当我想放弃的时候,总有一些事会触动我,让我坚持下去。比如,在我的房间里,有很多我买的漫画期刊,其中我最喜欢的就是《中国卡通》。我每个月都会迫不及待地想要拿到它的新刊,一拿到就爱不释手。每当想要放弃的时候,我就翻看它们。我看着刊中精致的画面,就会感叹绘画的神奇。我感受到,其实我还是想画画的,因为我也想画出像《中国卡通》中一样华丽的场景,所以我又拿起了笔,继续练习我曾觉得枯燥的素描。

正因为我没有放弃,到了初中时,我的画作也渐入佳境。我对画出来的每一个形象,都有详细的性格与过往经历介绍。每当我创作一个人物出来时,我便感觉我是纸上世界的造物主,快乐和兴奋油然而生。

但是,似乎画画的人总会听到针对自己的不好的声音。

我上初中时的男生同学们，总是喜欢对别人指手画脚，我不知道他们是想引起别人的注意还是单纯想惹事。我的画被他们恶意修改，还被他们辱骂和瞧不起，我很恼火。可是光生气没有什么用，我想办法不让他们改动我的作品。每当画黑板报的时候，我都尝试画一些他们无法故意修改的东西，像是花朵和奖杯，或者把主题大字写在底下，人物往上移。本以为这样就可以阻止他们的恶作剧，但我依然抵挡不住他们带着恶意的话语。

因为这样的事情，我曾低落了很长一段时间，找了老师反映，也没有得到实际的处理。我开始思考，究竟是我不配画画，还是太在意他人的评价？朋友感受到了我的烦恼，她一边替我打抱不平，一边很有道理地说："那些男生就只是羡慕你画得好看而已，他们又不是什么美术老师，不用在意他们的话！"我想：是啊，他们怎么说和我有什么关系？他们说的就是对的吗？我才不是什么轻易放弃的人，我更不会在意不专业的人的指手画脚，于是我选择屏蔽这些男生的声音，只与画画交流，我仍然是自己喜欢的纸上世界的造物主。

我更加热爱绘画了，我仍然坚持着自己的追求。我明白我不可能让每个人都对我的画满意，但我相信总有人会喜欢我的画。因为我坚持对画画的热爱，我画了很多幅画，创造出了很多角色，赢得了不少人的喜爱与赞扬，也因此认识了很多朋友，所以我很开心。

我爱绘画,这是我发自内心的话语。绘画能结交朋友,可以给我自信,绘画也不是什么浪费时间的事情,绘画能让我肆意发挥想象。绘画不仅是一种爱好,也不仅是一门艺术,更是我的理想、我追逐的未来。

你想画画吗?你喜欢画画吗?也许有的人对画画很感兴趣,却担心自己的基础不好,或者觉得现在才开始画,太晚了。我觉得,绘画从什么时候开始都可以,即使画得不好也不要紧,因为绘画表达的是你的内心,而不是别人的内心,因为你是你自己,要成为的是"你",而不是"他",你要接受的是别人正确的建议,而不是别人的恶意评价,所以我们要坚持自己的理想。

我想成为一名漫画家,我希望有一天,我的作品能出名。说不定哪天,我的梦想成真了,你已经通过这篇文章提前了解了我的绘画经历,我很高兴能通过它被你们所知。

梁佑安

出生年月：2012年8月

获得荣誉：

2023 年获得世界机器人大赛青少年机器人设计大赛（安徽赛区）一等奖

2023 年获得安徽省合肥市 RIC 机器人创新挑战赛一等奖

2022 年凭借作品《庐州有爱，"疫"路同行》获得蜀山区义务教育阶段心理剧大赛一等奖

2022 年获得安徽省合肥市 FLL 机器人挑战赛三等奖

2022 年获得全国青少年信息技术与计算思维能力评测二级证书

2020 年获得合肥市"书香五月"作文比赛三等奖

2018 年获得合肥市"李斯特杯"钢琴演奏邀请赛少儿组二等奖

2017 年担任安徽电视台少儿频道《萌娃说天气》栏目的小主持人

师长评价：

　　梁佑安，你是一个翩翩少年郎，温暖、善良、诚实是你最宝贵的品质，而这些品质在不同的成长阶段都弥足珍贵。我眼中的你，喜欢历史、文学，也喜欢篮球和机器人；喜欢跟同学玩闹、参加集体活动，也会在课间闷头写历史小说；在班上，你人缘极好，总有家长主动要求孩子与你做同桌。在自我要求很高的同时，又有一双欣赏他人的眼睛，会为同学的成绩鼓掌。你还热爱参加班级集体活动，如合唱、拔河、演讲、作文比赛等，总是为班级的荣誉拼搏到底。这些老师都看在眼里，我为你的成长开心，但是我知道，你还在老师看不到的地方闪闪发光。祝福你，翩翩少年，温润如玉，也如骏马，千里奔腾！

把创新与科技的种子种进童年花园里

逐光而行,向阳而生!我是梁佑安,成长在"大湖名城,创新高地"的合肥,这是一座充满了创新与科技的城市。出生在这里、成长在这里的我,创新与科技的血液流淌在我的身体里,驱使我朝着阳光照耀的方向奔跑。

在成长中不断尝试

我是一名刚刚上六年级的小学生,将度过小学生涯的最后一个年度。在过去的五年里,我有很多很多的爱好,也有许许多多的收获。比如说,我的兴趣爱好比较广泛,非常喜欢打篮球,结识了一帮球场上的"铁哥们儿"。通过篮球培训机构,我连续多次参加了夏季联赛,还在 2023 年的 U13 组比赛中勇夺桂冠;在六年级上学期入学的第一天,就凭借优秀的表现入选了学校篮球队,即将开启新的赛程。我还有一个爱好就是弹钢琴,可以让我把精力集中起来，去演奏一个曲子。我从黑白键盘中找到了聚精会神、攻克难关的乐趣。在刚刚学琴不久，我便参加了合肥市"李斯特杯"少儿组的钢琴比赛，并且以优秀的表现获得了二等奖。之后，我又参加了中国音乐家协会的钢琴考级考试，在 2023 年暑假顺利通过了八级考试，算是一个小胜利吧！如果说前面两个兴趣是一动一静，那么我还有一个爱好就是动静结合了，它就是搭乐高。我搭出了微缩版的荷兰小镇、航空母舰、故宫等等，还有发挥自己创意搭出来的各种建筑物、飞行器等等。每次搭乐高都是一次大脑细胞飞速运转的过程，充满了童趣和幻想的搭建有时候也会引来大人们的不解，但是创造是一件无比快乐的事情。

误打误撞学习机器人

说了这么多，下面我想介绍一下我最大的爱好，那就是机器人，这是一个充满了创新与科技的项目。我上小学二年级的时候，我妈妈就给我报了学校的机器人社团，当时我并不想学习机器人，因为它对我而言是一个陌生的学科。当时，我心里好像站着两个小人，一个小红人说："要尝试一下，才知道喜不喜欢啊！"另一个小黑人说："机器人课不就是搞一大堆电线、铁架子这些玩意吗？有啥意思啊？"于是，我心里那个小黑人走进我的心房，开始和妈妈斗争起来，甚至跟妈妈翻脸，说妈妈干涉我的"内政"，甚至要以不上学、不吃饭作为"武器"来对抗妈妈的"强制安排"。可是,当我第一次走进机器人社团课堂以后,发现这个课程与我之前的想象完全不一样,机器人用的材质和乐高科技城非常像,这让我顿时有了兴趣。我从最简单的点亮彩灯开始,又学习了自动运行的秋千,后面还学习了自动太阳花——这个东西,竟然可以追光,完全惊到我了,心想真是太好玩了。

巡线小车真的太难了

随着学习一步步深入,到了后面,就出现了一些有难度的东西,比如说使用 RoboEXP 编程出巡线的小车,这里面的 if 语句中的对比公式搞得我一头雾水,根本不知道是左转用大于,还是右转用大于,也不知道直行是用等于还是双等于、运用的变量到底是哪一个、要对比的变量又是哪一个,不同的想法组合在一起,就是一个个挑战。看着其他的同学都已经完成了,而我却依旧在思考到底该怎么编,心里像是被火烤一样难熬。我好不容易编好了,结果又出问题了,感觉自己好像不太适合做这个,于是,心里面那个小黑人又站了出来,说:"别学了吧!这么难,不如回去刷两把《王者荣耀》!"我有点打退堂鼓了,可这时,老师跟我说:"有什么问题,我们一起来看看!"于是,心里那个小红人又站了出来,大摇大摆地走进我心房。所以,我请教老师以后,又用了几节课,终于把巡线的程序搞懂了,心里那种喜悦的感觉别提有多美妙了!

FLL 小试牛刀再出发

紧接着，我们进入了机器人比赛 FLL 备战期。我们个个精神紧绷，每次上机器人课都会加练，但我们都愿意，因为我们对这件事都非常看重，个个都想在区赛中一展拳脚。2022 年 7 月，FLL 区赛正式举行。第一局，我和两个同学搭档，参加了比赛，我们没有拿满分，因为我们的机械臂出现了问题，有一根梢没有按紧；第二局，我是主操作手，童雨晨是副操作手，我们顺利完成了比赛，以区赛第 3 名晋级市赛。在市赛中，我和队友们还是在第二局中，车出现了故障，最后只能遗憾败北，拿了市赛三等奖。

不止于此，RIC 带我开启新征程

时间一晃，来到了 2023 年的暑假，我决定再次比赛，参加了 RIC 机器人竞赛，和队友一起刻苦练习备战。RIC 的区赛很顺利，我们很轻松晋级了市赛。但是，在市赛前一晚，突然接到通知，比赛换图了！这下打了我们一个措手不及，连夜和老师、同学一起研究新图的注意事项，一直到凌晨 1 点多。我往常也会因为写作业、练琴熬到深夜，但这次可能是我最愿意熬的一次夜吧！第二天，市赛正式开始,我和队友怀着激动的心情走进赛场。一上来,第一局就吃了瘪,又是车辆故障和操作过于心急,最终只跑了 265 分,但是我和队友谁也没怪谁,在第一局失败后立即复盘、总结问题。我们重新连蓝牙,把第一局比赛中不足的地方都列举出来,在 2 次调试中,我们对症下药,在第 2 轮比赛中拿到 485 分,最终夺得市赛一等奖。

  妈妈曾经告诉我:"每一次比赛的结束都是下一次挑战的开始。"我很认同这个观点。在这次比赛之后,我被老师推荐参加 2023 年世界机器人大赛青少年机器人设计大赛全国选拔赛,我参加的项目是超级轨迹赛。又开始新一轮的挑战,全新的赛制、与队友的磨合、训练后的复盘,都让我感觉有压力,但是我也能感觉到自己有明显的进步。我的心态得到了很好的锻炼,在模拟赛中,我和队友发挥不稳定,但是我没有像之前那样懊恼,而是及时调整心态,与队友认真研究每一个细节,并在容易失误的地方做好提前加练与预案。就这样,我们在 2023 年 11 月初参加了全省选拔赛,获得了一等奖,并将于 2024 年 1 月参加在长白山举办的世界机器人大赛全国决赛。

  从抗拒到喜欢,从喜欢到享受,从三等奖到一等奖,我见证了自己的成长,也希望大家可以跟我一起去尽情感受创新与科技的魅力。

  希望大家可以跟我一起去尽情感受创新与科技的魅力。创新不一定是独一无二,更是一次次失败后的不畏困难、勇敢前进,尤其是在和队友、朋友一起做事情时,遇到问题不要互相指责,而是要团结、要友爱。而科技的力量则是推动人类进步的"能量包",虽然我还只是一个小学生,但是在机器人比赛中也感悟到了科技所带来的变化与魅力。老师经常说以后是人工智能的天下,科技进步离不开我们的努力。我想我也会继续坚持自己的爱好,在以后的学习中,学习更多关于机器人、编程等方面的知识,让自己充满"创新"的能量,搭上"科技"的翅膀,开动脑筋,一路向前,给自己的童年时光留下一段难忘的记忆,将来长大了,也能为国家的科技创新出一份力!

莫依凡

出生年月：2009年10月

获得荣誉：

通过中国舞蹈家协会考级八级考试

获得中国民族管弦乐学会古筝二级证书

2016年至2020年连续5年荣获学校"优秀中队长干部"称号

2016年至2020年连续5年荣获学校"四好少年"称号

2021年至2022年连续2年获得学校"明理少年之智慧好少年"称号

2022年荣获全国青少年人工智能创新挑战赛·太空电梯工程设计专项赛银奖

2019年获得深圳缤纷童年舞蹈大赛金奖

2018年获得深圳青少年舞蹈大赛金奖

2017年获得第19届"语文报杯"全国小学生作文大赛省级特等奖

2018年获得"青苗杯"少儿艺术大赛古筝优秀奖

师长评价：

凡凡是一个乖巧懂事的好孩子，很乐意为班级付出，不怕吃苦。凡凡与同学们的关系很好，也很乐意帮助同学。每次都很认真地完成作业，字迹工整，也能协助老师管理好班级，是老师非常能干的小帮手。

我的人生因兴趣爱好而多姿多彩

我是莫依凡,今年 13 岁,我是一名初二的学生。

我的兴趣爱好有画画、音乐、舞蹈等,另外,我还学过古筝、长笛等,我跟大家分享一下相关情况。

古筝

在我上小学一年级的时候,学校有 4 点半兴趣课堂,我当时选择了古筝,但我只坚持学习了三年。为什么呢?

最开始我是喜欢古筝的,也很能吃苦,每天放学都坚持练习,也参加过几次演出。我妈妈还给我买了一台很好的古筝。

学到第 3 年的时候,有一次老师批评了我,还跟我妈说我练得不好。那次,我是冒着大雨去上课的,因为老师的批评,我就开始不喜欢古筝了,后来每次上课就分心,最后我就直接不想去了。

我分析了一下没有坚持的原因。一开始未制定学习目标,并且学之前,不知道过程是很枯燥的,是需要毅力去坚持的,加上老师批评我,导致就这样结束了这段古筝之旅。你们不要学我,古筝有优美的音色,可以让人心情平静下来。如果你真的喜欢古筝,又有条件,其实是可以一直坚持学下去的。

长笛

上小学四年级时,我又对另外一种乐器感到好奇。

在学校报社团时,我第一次听到"长笛"这种乐器。后面经过老师的介绍,我才知道它的别名为"长笛公主"。就因为这个浑身都散发着魅力的名字,我的第二段学习乐器之旅开始了。

长笛真的挺贵,好的要1万元以上,普通的也要4千多元。当时,我爸说,肯定又坚持不了,但我妈很宠我,还是给我买了。

我从刚开始的什么也不会,到慢慢地可以吹一些简单的曲子,进步还是挺快的。在我可以靠自己学会所有曲子后,我感觉这种乐器还是很枯燥的。因为我贪玩,我不想练习长笛,所以渐渐地对长笛不怎么感兴趣了。上五年级时,我经历了一次转学。因为我会长笛,所以来这边后,选修课也选择了学长笛。本来我对长笛还有那么点兴趣,但是因为新学校以及选修课比以前更枯燥,慢慢导致我对长笛一点兴趣也没有了,于是我的长笛之旅就在六年级的暑假结束了。

我分析了一下学习长笛没有坚持下去的原因。一开始,我只是觉得好奇、好玩才学的长笛,并且被老师讲述的美好画面吸引了,并不是真正地喜欢长笛。学习长笛的过程是枯燥的,如果没有百分之百的热爱,是没有办法坚持下去的。学习长笛的同学们,我建议你们一定要坚持下去,多练习,坚持上课,克服困难,磨炼一下自己的耐力,未来进入国际班,说不定能通过这种乐器交到更多的好朋友,了解更多不一样的文化。

我来讲讲我坚持下来的 2 个兴趣吧。

舞蹈

我在 3 岁时,便开始学习舞蹈。我非常喜欢舞蹈,还有过当舞蹈家的梦想。

在学习舞蹈的过程中,我获得了 4 个金奖、2 个银奖、3 个铜奖。

我虽然学了 9 年舞蹈,也很喜欢,但总有偷懒的时候。我有时不想去,就装病,一会说自己肚子痛,一会说自己头疼。一开始,我妈还相信,但后来次数多了,我妈便不再相信,所以我便在上课时偷懒,每当发现老师没有看我,我就开始做一些小动作。当然,成功的次数很少,因为我老师的眼睛可尖了。后来,因为我转学了,没有时间找好的舞蹈机构,就没有继续坚持了。这是我的一个小小的遗憾,我其实很想考完全部级别的,还想多几次独舞的表演机会。

我分析了一下我能坚持下来的原因:①我是真的挺喜欢舞蹈的。②我碰到了我喜欢的高老师。③妈妈的坚持。不管遇到什么困难,妈妈都要让我坚持去上课。我在1岁的时候,很胖。学走路时,没有学好,内八字很严重,到4岁都还是一跑就摔跤。与同伴打闹的时候,我经常摔得到处是伤。我妈希望通过学舞蹈,纠正我的腿型,让我少摔跤,练好气质,变得自信,还能在长高的同时减肥。

正在学舞蹈的同学,希望你们好好坚持,其实并不是很难。只要坚持练习,跳舞时,身体就不会变硬,也不会痛。我现在身高175厘米,我爸妈都还没有我高呢,我的内八字也没有了,走路也不会摔跤了,不会含胸驼背。因为这个兴趣,我相信自己是一个有毅力、能够吃苦的孩子。每当爸爸说我这也不能坚持、那也不能坚持时,我就说,你看我的舞蹈不是坚持了9年吗?

画画

画画这个兴趣有点特殊,要分成两个阶段来讲。第一个阶段是在幼儿园的时候,我开始对画画有兴趣,于是让我妈妈给我报了画卡通人物的兴趣班,但是因为后来上的兴趣班太多,我妈让我停止了学画画。第二个阶段是我上初中时,我对画画真的有了兴趣,所以我跟我妈说想去学素描。我妈看我确实有画画的天赋,便很支持我去画画,希望我未来在初中与高中升学的路上,能够多一条艺考路。每周日,我都要坐一个小时地铁去学习画画,妈妈与老师也给我规划好了,让我努力坚持到初三上学期,看到时候是走艺考路线,还是走文化课路线。

我有中途放弃了的兴趣,也有坚持下来的兴趣,我很感谢教我的老师,还有鼓励我坚持的爸爸妈妈。在学习兴趣的过程中,我懂得放弃是一件很容易的事,坚持是一件很难的事,但坚持也是一件很有意义的事,不仅磨炼自己的意志,还能让自己增加自信。同学们,一起坚持吧,不要半途而废!

王紫涵

出生年月：2009年8月

获得荣誉:

2021 年获得第 6 届舞林大会"卓越舞者"称号

2021 年获得第 11 届"青苗杯"国际艺术节比赛铜奖

2022 年获得第 12 届"青苗杯"国际艺术节比赛金奖

2023 年获得"桃李杯"舞蹈艺术展演活动(广东站)表演特金奖

2023 年通过北京舞蹈学院考级 13 级

2022—2023 年被评为"育才才艺好少年"

师长评价:

王紫涵是一个特别善解人意、对自己高要求、自律的女孩,她善意地对待身边的每一个人,她与同学间的那份义气让人感动。她积极乐观,有自己的主见,在关键时刻,总愿意挺身而出,去为集体出力!

梦想是我们的全部

儿时梦想

2013年,妈妈带着我来到一个舞蹈基地,宣传单上有大姐姐们起舞的身姿,她们纤细的手指、苗条的身材、动人的舞姿顿时让我心生羡慕,决心要学舞蹈,像这些大姐姐一样,能翩然起舞!

报名后,在老师的鼓励下,我渐渐对自己的舞蹈有了信心。不论是聚会,还是过年,我都会舞上一曲,然后收获大家的称赞。后来,上了小学,老师问我们:"你们的梦想是什么?"梦想,这是我第一次接触到这个词,但是我脑海中已经有了答案——我要当一名舞蹈演员!这是我在六七岁时想到的答案,即使我不知道会有多难,即使我不知道该怎么做,即使我在第一次上台时紧张得哭,但这是我在当下,用付出的努力和收获到的掌声所换来的梦。

我将这个梦保护得很好,梦想着以后能考上北京舞蹈学院,梦想着以后能在更大的舞台上起舞!我怀揣着这个梦想,在舞蹈的道路上一步步向前走。

摇摆不定

那是个傍晚,天色渐暗,我与弟弟在小区里疯玩。我弟弟把我背在背上,得意地对着我笑,欢声笑语间,只听"砰"的一声响,我摔了下去。时间仿佛定格了,我感觉不到痛,只知道因为练舞,柔韧性好,我的腿直接向后翻折,快要碰到我的后脑勺。我痛苦地趴在地上,感到后腰一阵酸痛。不过大概是练舞救了我,缓了一会儿,我发现还能走回家,没伤到骨头。一周过去了,当我以为这就结束了的时候,那种酸痛感再次袭来,痛到我快直不起腰,我妈妈便带着我去了医院。

我被查出肾上有囊肿,虽然没有生命危险,但是不能受到剧烈的刺激。也就是说,我不能走舞蹈专业路线了!我的心顿时像死了一样,我被命运扼住了咽喉。现在,我只有两个选择——放弃舞蹈或者继续跳舞,但是不能走专业路线,也就意味着我儿时的梦想不可能实现了。

我很矛盾,在我受伤之前,我们基地刚换了个老师。新老师非常严肃,从不鼓励我们,只是让我们不停地压腿、控腿、撕腿。有一次,我受不了了,在压腿时掉了眼泪。我从来没在练舞时哭过,我觉得丢脸,于是越想越伤心,眼泪就再也止不住了。

下课回到家里,我立即跑到妈妈面前和她说:"我不学舞蹈了!太痛了!"妈妈只是问我:"你真的要放弃吗?"放弃初心,放弃六年的坚持,我真的甘心吗?不,我当然不甘心。我想:梦想不是一成不变的,我的梦想可以不局限于当舞蹈演员,可以是做有关舞蹈的一切!人生最可怕的事情就是失去进取心,我不能放弃!

勇敢追梦

最终,我还是没有放弃,因为我看到了梦想的光芒已经重现,我要为舞蹈而战,为梦想而战。

我慢慢接纳新老师,提升基本功,还参加了独舞训练,参加了许多比赛。

第一次比赛,我失误了。当我拿到不如意的成绩时,心里堵得难受,又一次觉得付出没有回报。我甚至开始怀疑,我是不是不适合学习舞蹈?但是看着我桌前大大的"舞"字,看着用稚嫩的笔触写下的"我的梦想"这几个大字时,不禁开始回忆起舞的那些日子。我终于明白,这次失败根本不值一提。我不能放弃,梦想就在前方,我要勇敢追梦。

第二年,我再次参加了这个比赛。站在熟悉的舞台上,我已稳如泰山,一袭黄衣,翩翩起舞,一曲末了,掌声与奖牌翩然而至。

有了这次成功,我又去参加了更大型的比赛,我收获了更多的荣誉。或许现在我还没有实现我的梦想,不过在这追梦的过程中,我愈加坚定——这一定是最酣畅淋漓的一段经历!我爱所有的一切!

Dream is all we have!

当然会失败,又如何!

Dream is all we have!

跌倒了再站起来!

人间骄阳刚好,风过林梢,我们正年少。梦想是我们的全部,勇敢追梦吧,少年!

吴思辰

出生年月：2013年3月

获得荣誉：

2014年获得广州市哈贝比"10后"狂欢派对活动T台秀冠军

2016年获得从化区第2届"金色小舞星"舞蹈展演活动二等奖

2017年获得第10届国际青少年艺术节广东省选拔赛银奖

2018年获得第4届凯叔全国故事大赛（广州赛区）故事新星奖

2019年获得第16届德艺双馨公益盛典活动（从化赛区）幼儿组中国舞独舞金奖

2019年获得中国荷花联盟青少年舞蹈展演金奖

2020年获得第17届德艺双馨公益盛典乐类少儿A组金奖

2020年获得第17届德艺双馨公益盛典中国舞少儿独舞金奖

师长评价：

她如一根逆风而生的芦苇，坚韧而不屈；又如一株深深扎根于大地的胡杨，坚定而挺拔。

在艺术上，她刻苦训练，从舞蹈、绘画到声乐、韵律，从脚踏实地到仰望星空，将现实与梦想融合在一起，绽放光芒；在学习上，她自强不息，如同勤劳的小蜜蜂，从一朵花到另一朵花，勤勉地采集着珍贵的花粉，凝结成甘甜的蜜糖。

她就是吴思辰小朋友，一个展现出非凡才华和勤奋精神的小朋友。在成长之路上，她用行动追逐着梦想，不断地追求卓越，铸就了她的独特魅力。

兴趣引领我前行

我是一个 10 岁的小女孩,从小就喜欢舞蹈、声乐、画画和语言艺术。这些年的坚持和努力,让我获得了许多奖项,更重要的是,我变得越来越自信和坚强,也学会了坚持和专注。

舞蹈让我更加自信

在我 1 岁半的时候,在舅母的鼓励下,妈妈带我去广州参加了一个亲子 T 台秀比赛。没想到,我竟然意外地获得了"冠军宝贝"称号。从那时起,我就喜欢上了舞台。

3 岁那年,妈妈帮我报了兴趣班,我正式开始学习舞蹈。虽然练习的时候很无聊,有时候压腿都要压一个小时,但是,我从来不觉得累。每次上课,我都会很开心。只要听说哪里有比赛或者表演活动,我都吵着让妈妈带我去参加。每次表演的时候,外公、外婆、姨妈、舅舅和舅母等家人都会来观看,姨妈还会给我拍下很多漂亮的表演照片。渐渐地,我爱上了跳舞。

记得有一次,幼儿园有四个舞蹈要表演,而每个舞蹈都有我,老师问我能不能坚持完成,我毫不犹豫地说:"当然可以,没有问题。"

舞蹈表演从晚上8点开始。7点吃完晚饭,化完妆、换好表演服,我和小伙伴早早地坐在演员区等候登台。由于我参演的每个舞蹈之间只隔着一个节目,所以表演完一个节目后,我必须要在几分钟内完成妆容和表演服的调整。因为天气炎热,又是在户外,两个舞蹈跳下来,我已经大汗淋漓了,要不停地补妆,喝一口水就要继续上台。

跳完第三个舞蹈后,我实在撑不住了,趴在外婆肩膀上就睡着了。感觉只睡了一分钟,老师就喊道:"思辰,快!要上台了!"蒙眬之中,我被老师带到表演区。当音乐响起来的时候,我马上进入状态。那天晚上,每一个节目都获得了热烈的掌声。

在我6岁时,妈妈帮我报名参加中国荷花联盟青少年舞蹈展演。第一次参加全国比赛,我既兴奋又紧张。距离比赛只有短短的两个月,为了能取得好成绩,妈妈找来了一个非常优秀的舞蹈老师——小东老师,请他帮我编排了独舞《报童晨曦》。

每天傍晚6点,妈妈下班后就匆匆去给我打包晚餐,6点半赶到辅导社接我。我要在半小时的车程中吃完晚餐,换好舞蹈服,然后7点准时到达舞蹈室。接下来是2个小时高强度的训练,中途只有2次喝水时间。虽然很累,每次在回家的路上,我都在车上睡着了,但是我从来没有想过要放弃,还会因为每天的进步而感到兴奋。

就这样持续了2个月,终于等到12月的正式比赛日,天气已经逐渐变冷。我的节目安排在上午11点左右,开车去会场要1个多小时,妈妈只能早早把我叫醒,为我化妆,换服装,然后出发。

我第一次看到那么大的舞台,还有一个巨大的屏幕,显得非常高级。台下坐满了观众,还有很多摄像机。正准备上台时,我突然紧张起来了,我希望小东老师能看着我上台,因为只有他在,我才不害怕。

于是,妈妈打电话给小东老师说明了情况,也跟组委会申请调整时间。下午4点,小东老师终于赶到了比赛现场,他握住我的手,给我加油。我终于不紧张了,上台顺利完成了整个舞蹈作品。走下舞台那一刻,我看向小东老师,他笑了。妈妈也跑了过来,抱紧我,说被我的舞蹈感动哭了。姨妈也给我竖了一个大拇指,为我点赞。

结果终于出来了,我居然拿了少儿组独舞最高分,荣获金奖。小东老师兴奋地把我举了起来,我开心地笑了,我终于战胜了自己。

画画让我学会专注

妈妈很喜欢画画,我是她的忠实粉丝,喜欢坐在她旁边静静地观看。慢慢地,我发现自己也喜欢上了画画,但是,这次妈妈没有给我在外面报美术兴趣班,而是给我买了一套美术工具。每次画画的时候,她都带着我,耐心地指导我如何使用每个工具,如何构图、上色等等。

4岁的时候,我代表幼儿园参加区教育局联合文化馆举行的美术比赛活动,成为有史以来年龄最小的参赛选手。尽管面对几百名对手,但我没有怯场,一心只想着完成作品。虽然最终只拿到三等奖,但是我并没有因此而气馁,依然坚持练习。

在完成学校的功课之后,我每天都会为每个兴趣设定专门的练习时间。有时候,妈妈要加班或者应酬,我可以一个人在房间练习一两个小时,甚至三个小时。姨妈惊讶地说:"这是忘我的境界吗?"我相信只有坚持不懈地练习,才能取得进步和突破。

后来,老师教我们画思维导图,我发现画面可以让我的思维导图更形象生动。在教室后面的展板上,经常会出现我的思维导图和美术作品。

姨妈有时候会把我的作品发到朋友圈,很多人点赞。她的一位好朋友晓慧姨是美术老师,知道我喜欢画画以后,送给我一套

168色的马克笔作为鼓励。第一次见到并拥有颜色这么齐全的画画工具,我简直不敢相信,迫不及待地拿出来画了一幅作品。因为特别用心,妈妈说画得比平时都要精致。

晓慧姨还送了我一套思维导图的工具书。我打开一看,才发现原来思维导图也有很多种风格,我学会了如何更好地使用图形、符号、关联词和关联线等等。

有一次,姨妈帮我报名了一个户外写生活动,现场还赠送了一套水彩画具,那是我第一次在户外画水彩画,虽然天气很热,蚊子也很多,但我全神贯注地画画。因为有妈妈之前的指导,我的颜色调得很好,旁边的家长都过来看。后来,我写生画的这幅画被外公挂在老家的客厅里。

我非常感谢妈妈、姨妈和晓慧姨对我的鼓励,我要坚持画画,画出更多好的美术作品和思维导图,不能辜负她们对我的期望。

声乐带给我欢乐

有一天,我看见妈妈正在看手机,从手机里传出了非常动听的歌声,我好奇地问:"妈妈,这是谁啊?为什么他唱歌这么好听呢?"妈妈说,这是她的朋友,一位声乐老师。

我兴奋地说:"要是我能跟他学声乐就好了。"没想到,第二天,妈妈就带我去见这位老师。在试唱之后,老师觉得我的声音条件不错，再加上我渴望的眼神，他答应收我为学生。

每个周六，我都让妈妈早早出发送我去声乐室。下课后，我会迫不及待地跟妈妈分享我学了什么歌曲和技巧。因为有一位好老师，也因为我的坚持与努力，2022年，我成为学校的校园十大歌手。走在校园里，其他班级的同学会走到我身旁说："你不就是那个唱《大鱼》的十大歌手吗？真的好好听啊，你好厉害！"我总是有点害羞地回答："是啊，谢谢！"其实我内心是兴奋的，因为唱了一首歌，就被人记住了。

还有一次，妈妈带我参加了一个慈善活动，我演唱《让世界充满爱》，作为活动的开场表演。音乐响起，全场立马安静了，当我唱出第一句歌词时，台下的观众几乎都拿出了手机，有的拍照，有的录视频，我被大家的举动震惊了，我在心里告诉自己一定要好好唱，好好表现，不能让观众们失望。

结束后，我走到台下，一位漂亮阿姨走过来问我："小朋友，你这么小的年纪，就唱得这么动听、这么有感情，太棒了！"那一刻，我感到无比的骄傲和满足，也更坚定了我学习音乐的信心。

结语

除了跳舞、画画和唱歌以外，我也沉迷于语言艺术中。有一次，我在房间放声朗读课文，妈妈突然走过来说："思辰，你怎么读得这么有感情！好好听啊！"我说："我们班主任吕亮老师就是这样教我们的呀，她在课堂上给我们读课文，就像讲故事一样动听。"于是，妈妈又给我报了语言艺术班。

我非常感谢妈妈一直义无反顾地支持和鼓励我上各种兴趣班，这些兴趣课程给我带来了无尽的乐趣。在学习的过程中，我遇到了很多困难，但是，我不怕苦、不怕累，不断挑战自己，相信只要坚持下去，就一定能够克服。

这些兴趣也教会我什么叫坚持，还有如何做时间管理。我已经习惯了在课间休息时间把下一堂课的书本和所需用品准备好，习惯了放学后，在第一时间完成功课，再做其他事情。

我希望这些经历能够鼓励更多小朋友努力追求自己的梦想。无论遇到什么困难，只要坚持，就一定能实现梦想。

夏千寻

出生年月：2009年2月

获得荣誉：

2019—2020年连续获得全国啦啦操联赛(青岛站)团体第一名

2020年获得国际青少年流行舞表演公开赛(山东赛区)一等奖

2021—2022年连续获得全国运动训练竞赛联盟操舞联赛(山东站)第一名

2021—2022年连续获得全国运动训练竞赛联盟操舞联赛(山东站)优秀运动员

师长评价：

从你开始学舞的那一刻起，我看到了你的努力和坚持。每个舞步都是你用心血和汗水铸就的，每次演出都是你勇敢追梦的见证。

你的舞蹈展现了自己，传递了情感，舞台是你展示美好的地方。看到你在舞蹈中突破自己，学会合作和坚持，我很欣慰。

你的舞蹈之路是成长之路，每一步都见证了你的坚持，你会在舞台上继续跳出更多精彩舞步，绽放更耀眼的光芒，我为你的舞台表现感到骄傲。

愿你的舞蹈梦想继续闪耀，舞步永远充满自信和魅力，继续跳出属于你的精彩！

我与爵士舞有个约会

或许每个女孩心中都埋藏着一个梦想,一个随着音乐翩翩起舞的梦想,仿佛自己就是舞台上最耀眼的明星,就像蝴蝶在微风中翩翩起舞、天鹅在湖面上展现优雅身姿,或者像一团火焰充满活力,发出耀眼的光芒。

我小时候就喜欢随着音乐跳舞。记得我上幼儿园小班时,妈妈就开始寻找适合我的舞蹈班。先是中国舞、芭蕾舞,再试听拉丁舞课,可都不是我喜欢的。直到有一天,妈妈的同事介绍我去学校的啦啦操班,我才找到了属于我的舞蹈世界。在啦啦操班里,有不同的舞蹈分类,我正式与爵士舞结缘。

爵士舞,是一种充满活力和创造性的舞蹈形式。它有着急促的节奏和动感的动作,与内敛的古典舞相比,它更加开放和自由。在舞台上,跳爵士舞不仅能够充分展现个人魅力,还能与舞伴合作,创造出优美的舞蹈画面。

我已经学习了六年的爵士舞。爵士舞看似容易,实则难以掌握。它要求腰腿配合协调,一旦动作不协调,就容易摔倒。动作的变化非常迅速,队形也不断变换,只有勤学苦练,才能真正掌握其中的精髓。每一支舞结束后,老师都会带领我们一遍又一遍地练习动作,通过不断地走"爵士步",提高我们的表现力。只有持之以恒,才能在爵士舞的世界中展现出更加出色的自己。

在学习爵士舞的过程中,我学会了用意念控制身体,掌控身体的每个部位。爵士舞让我更好地感受自己的身体,让头、肩、胸、胯、腿协调配合,展现出舞蹈的魅力。通过反复的练习,我逐渐掌握了动作的节奏与力度,将舞蹈融入我的血液,爵士舞成为我生命中不可或缺的一部分。

爵士舞是一种彰显自我、宣泄情怀的自由舞蹈。每次跳舞,我都完全释放自己,享受舞蹈带来的极致自由。正是这种自由,让我被深深吸引。

爵士舞也教会了我团队合作精神。在团队中,我学会了与舞伴相互配合,互助合作。我懂得了倾听、尊重和信任,在舞台上学会了随机应变和适时妥协,站在别人的立场思考问题。正是这种团队意识,让我能够更好地融入团队,创造出更加完美的舞蹈作品。

爵士舞给我带来了美妙的感受,也让我享受到艺术创造的快乐。它不仅仅是一种舞蹈,更是一种生活态度。通过跳爵士舞,我学会了以积极的心态面对困难,勇敢地向前迈进,展现真实的自我。与舞台上的舞步一样,人生的每一个挑战都需要我们用自己的节奏和热情去迎接。

每一次排练，都是我磨炼意志的时刻。面对复杂的编舞，我愿意不断突破自己，挑战更高难度的动作。汗水告诉我，只要有恒心和毅力，就能够到达更大的舞台。

爵士舞不仅仅是一种舞蹈技艺的展示，更是我与自己内心的对话方式。在每一支舞蹈中，我都找到了宣泄情感的出口。当音乐响起，我仿佛进入了一个独特的空间，用舞蹈来表达我无法言说的情感。舞蹈让我学会了用身体去述说故事，用动作去传达情感，使我在舞台上不再是一个人，而是一个充满情感和能量的存在。

每一次演出，都是我展现自我的机会。我不仅仅是一个舞者，更是一个通过舞蹈表达自己的个体。正如舞台上的每一个瞬间都凝聚着我对生活的热爱和追求，我也希望通过我的舞蹈，将这份热情传递给观众，让每个人都感受到舞蹈的力量，去追逐自己的梦想。

爵士舞让我明白，无论身处何地，都能用舞蹈去感受生活的美好。无论是在排练室里，还是在舞台上，每一次的跳动都是我与音乐融合的瞬间，每一次的舞蹈都是我为梦想奋斗的见证，给我在旅程中不断前行的动力。

舞蹈教会了我坚持，也让我懂得了成长的真谛。就像爵士舞中的动作需要不断练习和调整，人生的每一个阶段也需要我们不断努力奋斗。我相信，通过坚持和努力，我能够在爵士舞的律动

中,跳出一段更加美好的人生旋律。

无论是舞台上的欢笑,还是排练室里的汗水,都是我人生中最美的回忆。在跳动的旋律中,我愿意勇敢前行,追寻自己的梦想,用舞蹈创造出属于我的辉煌篇章。

这就是我与爵士舞的约会,与音乐的邂逅。在爵士舞的世界里,我找到了自己独特的位置,用舞蹈表达情感,用舞步跳出自己的人生旋律。我会永远保持热情和活力,用舞蹈的力量去感染身边的每一个人,让每个人都被我的舞蹈打动,一起走向更加美好的明天。

我将舞蹈视为一扇窗,透过它,我可以窥探到更广阔的世界。每一次舞蹈演出,都是我展示自我的机会,也是我与观众分享情感的时刻。我深知,每一个动作都蕴含着我对生活的理解和感悟。我愿意将自己的成长、梦想、勇气,融入每一个舞步中,用舞蹈述说自己的故事。

舞台上的灯光照耀着我的梦想,每一次跳动都是我对生命的热爱。舞蹈不仅仅是一种技艺,更是一门艺术,一种生活态度。作为一名初中女生的我,充满了对未来的美好憧憬,我相信,每一次的努力都会开启一扇新的大门。舞蹈就像是我人生的指南针,引领我追求更加远大的目标。

在学习爵士舞的道路上,我并不孤单。舞蹈成为我人生中重要的一部分,我的舞伴们成了我不可或缺的伙伴。我们一起努力,汗水和欢笑交织，创造出一个个动人的舞台画面。我与舞伴们一起成长，在舞蹈中激发彼此的潜能，共同追逐着青春的梦想。

爵士舞的魅力在于它的多样性，允许我在舞台上自由展现多重面貌。有时，我可以是热情奔放的舞者，用动感的舞步吸引观众的眼球；有时，我可以是柔情似水的表演者，用舞蹈传递内心的情感。每一次的演出，都是我融入不同角色的机会，展现出更加绚烂多彩的自我。

在爵士舞的律动中，我找到了无限的力量。我会继续跳下去，用舞蹈的节奏谱写人生的华章。我不仅仅是一名初中女生，更是一个充满激情和希望的舞者。让我在爵士舞的舞台上，展现出我最耀眼的光芒，用舞蹈的语言讲述我与爵士舞的美丽约定。在音乐的律动中，我愿意跳出我的梦想，用舞蹈点亮我的人生，让每一次的跳动都成为我成长的见证！

徐筱雅

出生年月：2010年10月

获得荣誉：

中国舞蹈家协会考级九级

社会艺术水平(漫画)考级五级

社会艺术水平(素描)考级八级

获得柳州市 2020—2021 年度三好学生称号

2021 年获得金蛙国际艺术节(广西赛区)金奖

2021—2022 年连续获得"有色柳州"中小学生绘画书法作品比赛(绘画类)优秀奖

师长评价：

你是一个积极上进的学生，小小年纪就懂得自律。上课时，你总是全神贯注。每当看到你在班级做劳动时的忙碌身影，我看在眼里，喜在心里。希望你继续保持刻苦学习的精神。

在老师的心目中，你是一个文静、懂事、爱学习、与同学关系处理得非常融洽的好孩子，也是老师的得力助手。

舞蹈教会我成长

我4岁那年,从我父母口中得知,我即将要去一个叫舞蹈室的地方。当我怀着紧张的心情来到舞蹈室的时候,推开门,看到眼前的景象,感到很惊讶,里面每个学员的舞蹈动作都十分优雅,深深地打动了我。那时,我心想:舞蹈就是我的热爱。

我一开始上舞蹈课的时候,老师让我们拉韧带。当时我才4岁,什么都不懂,只会哭,所以刚开始那几节课,我都在里面哭。我妈妈站在教室外面,从窗户看到我在哭,她也在外面偷偷抹着眼泪。学习舞蹈之后,我才知道,原来别人跳舞那么厉害,是因为他们在台下一遍又一遍地练习,才能有台上游刃有余且不留遗憾地表演。

我不知道我是靠什么坚持下来的,我想应该是因为妈妈的鼓励,还有我心里对舞蹈的热爱。现在的我已经是舞蹈班中年纪最大的学姐了,有些同学跟我一起学跳舞,但没能坚持下来。

最近,我的内心没有任何追求,对什么都不争不抢,过着咸鱼般的生活。我感到空虚,觉得莫名烦躁,不知道这样的日子到底过了多少天。

某一天的中午,妈妈拿着手机问我:"你们舞蹈老师叫你回去参加一个比赛,你去不去?"我当时听到"舞蹈"这两个字,心里五味杂陈,回想起以前和那些小伙伴一起学舞蹈,一起到处参加各种比赛,一起挥洒汗水,不知道他们现在怎么样了,于是我答应了这个邀请。

排练的日子很快就到了,我迈着轻快的脚步走进教室。教室还是那样敞亮,阳光从窗户溜进了教室,陶醉地看着同学们。练习舞蹈,并不是一定要成为舞蹈家,而是要在舞蹈中培养涵养和自信。有朝一日回想起来,你会发现,变化的不仅仅是外在,更是整个人的气质和生命状态,这才是给自己的最大财富。那天,我跳了很久,没人打扰我,我似乎又找到了以前的那种热爱。

10 年的舞蹈之路,让我懂得了什么是坚持。

杨景滔

出生年月：2007年7月

获得荣誉：

2023年获得中国社会艺术协会颁发的五级证书

2023年在简摇琴行的吉他考核中，荣获年度第一名

2022年在简摇琴行的吉他考核中，荣获年度第一名

2020年在学校中英文打字现场大赛中，荣获一等奖

师长评价：

景滔谦逊、待人以礼，与同学相处非常融洽，且乐于倾听师长的建议。在遇到问题时，他勇于向老师请教，表现出积极的学习态度。他拥有出色的学习能力，一旦确定目标，就会全身心专注且具备很强的自律能力。

景滔是一个悟性很强、逻辑思维清晰的阳光少年。他正积极践行"做人有德，做事有成，学有所长，体有所健"，为自己设立了人生准则。

我们对他的未来充满期待，相信他将通过努力，获得更多的成就。

每一次努力都是蜕变的开始

成功不是一蹴而就的,它需要持续的努力和坚持。每一次的付出都是在累积,每一次的坚持都是在积攒力量。在我学习吉他的过程中,每一次的努力,都是我蜕变的开始。

探寻兴趣

上小学三年级时,我随着妈妈和小姨走进一家摆满各种乐器的琴行,目的很明确,那就是让我选一种自己喜欢的乐器,培养对音乐的兴趣。那是我第一次见到如此多样的乐器,内心充满了兴奋和好奇。

简摇琴行的老师是妈妈的朋友,他轻轻触摸我的双手,仿佛在用尺子测量我手指的长度,然后对我妈妈说:"学习吉他的难度不小,他能坚持吗?"妈妈不假思索地回答:"他可以的。"于是,老师同意收我为学生。

小姨笑着对我说："快去挑一把你喜欢的吧!"面对着琳琅满目的乐器，我一眼就被那把有着六根"线"、散发着木头香气的棕色吉他吸引，"就这把吧。"我用手指了指，于是，它成了我的第一把吉他。

在正式报名前，还有一节体验课，目的是让孩子觉察自己是否真的对吉他感兴趣。我跟随老师走进玻璃房，看着他熟练地拨动着吉他上的琴弦，然后发出美妙的音乐声。我开始幻想自己也拿着吉他，在爸爸妈妈面前演奏。想到这里，我不禁兴奋起来。

然而，上了几节课后，我开始觉得课程太过无聊和乏味，每天都要反复练习基本功，还要忍受手指按弦所带来的疼痛。我明白刚开始的路都不好走，但坚持了十几节课后，练习那些枯燥的基本功实在让我感到沮丧，和我想象中的吉他课完全不一样。

有一次，在准备出发去上课时，我对妈妈说不想去了，妈妈反问道："是不是不去?"她的反问让我有些犹豫，只好硬着头皮继续去上课，坚持认真听课。就这样，又持续了一段时间，那种厌倦的感觉变成了烦躁，我开始在课堂上"摸鱼"，老师布置的作业也应付了事。

重拾热情

转眼到了暑假，妈妈为我报名了一个夏令营，希望我可以在外面锻炼一下。夏令营结束后,在回家的路上,我突然觉得自己长大了,内心有一个强烈的声音:"我要去上吉他课!"我告诉妈妈后,她满脸的疑惑,虽觉得不可思议,但依然露出欣慰的笑容:"好,我跟老师说。"

我开始认真地练习基本功,努力完成老师布置的作业,然而,好景不长,我再一次被枯燥感击败。老师发现我的状态不太对,想把我安排进一个小组,和其他新同学相互监督学习,但是,我不愿意,内向的我和几位新同学一起上课,肯定会很别扭。老师尊重我的意见,前提是我以后要变得更加勤奋。"没问题,老师!"我的语气非常坚定。

没想到,"打脸"来得如此之快。不久后,因为没有认真完成老师布置的任务,我还是被调进了监督小组里,加上我,共两个男生和两个女生。在这个既熟悉又陌生的环境中,无论是课堂上的表现还是课后任务,我都完成得很好。

老师教授的是弹唱技巧,有弹奏练习,自然就少不了演唱练习。在一次课上,老师让每个人都表演一段自弹自唱。听到这个任务,我的心跳加速,内向的我,认为在不太熟悉的人面前唱歌简直比登天还艰难。

前面几位同学轻松地完成了任务,轮到我时,感觉嘴巴像被胶水粘住了一样,根本无法张开。老师说:"我们这节课,等你唱完再继续。"老师是想让我跨过这座"大山",但我就是做不到,眼看一节六十分钟的课,已经过去了四十分钟。

"加油,没关系的,我们不会嘲笑你的。"坐在我旁边的女生用坚定的语气鼓励我。我仿佛获得了一种能量,张开口唱了起来。"你看,也不是很难,对不对?"老师也鼓励我,我似乎找到继续努力练习的动力了。

有一次,老师无法上课,所以我们多了几天练习的时间,我也借此机会把老师布置的作业练得滚瓜烂熟。没想到,后来老师在课堂上让我示范一遍。有了几天的积累,我毫不胆怯,自信满满地开始弹唱。伴随着老师和同学们的掌声,我顺利地完成了,享受着热烈的掌声和赞许的目光。

周末,舅舅、表哥和表妹都会来我家玩,我弹吉他,他们唱歌。这些美好的时光,让我越来越享受弹奏吉他的乐趣。

收获喜悦

越发自信的我,决定挑战更高难度的曲目。

想起妈妈经常听的一首吉他指弹曲子《枫叶城》,我便拿着妈妈打印的谱子,打算试一试,可我发现这首曲子的难度比我目前所学的大很多,其中的技巧也没有接触过。我凭直觉开始练习,两个小时之后,我给妈妈听了一小段,她说:"有一点原版的感觉了。"妈妈的认同像是一种魔法,给予我源源不断的动力。

为了不影响学习，也不影响邻居，我早上五点起床，躲在书房里，关上窗户练习。我很享受这个过程，没有丝毫的怨言。经过两个月的练习，我成功地掌握了这首曲子。有一次，上课前十分钟，我拿起琴行的吉他随意地弹奏起来，琴行里的同学们纷纷放下手机，把目光投向了我……从此，我开始对吉他发自内心地喜欢，并开始自学一些自己感兴趣的曲目。

为了检验学生们的学习成果，琴行安排了一年一次的考核，请来了五位专业的音乐老师来评分。我的考号排在最后一位，坐在候场区的我，看着同学们一个个表演完，渐渐有了压力。

"37号准备。"终于到我了，刚进排练室，我就感觉非常紧张，评委老师们坐在我的正前方，他们的目光让我感到有些不自在，因此在演奏的过程中出现了一点小失误。"这首曲子没什么难度，所以，你的技巧还需要提升。"评委老师犀利的点评让我看到自己未来努力的方向。

一周后，老师在上课前公布了考核成绩，令人惊喜的是，我竟然得了第三名，还是小组里的第一名！这是对我一年来努力的肯定。

再次腾飞

获得第三名的我并没有满足，我要努力拿到第一名。又经过一年的积累,我决定用我最熟练的曲目——《枫叶城》来参加考核。即便是最熟练的曲目,在考核之前,我也没有放松。

"14号准备。"到我上场了。走进排练室,我没有了上次的紧张感,自信地抱着吉他,完美地演奏完。"你是哪位老师的学生?"评委老师问我。我说:"是陈老师的学生。"我用请的手势示意坐在我左前方的陈老师。陈老师说:"对,是我的学生,但是这个曲目是他自学的。""自学的啊?那很厉害啊!"评委老师赞扬道,"基本功很扎实,一看就是我们的老学员了。"我嘴角逐渐上扬,几年来的努力付出,似乎就是为了这次表演。

一周后,公布成绩,我获得了第一名!我迫不及待地与妈妈分享这个喜讯。没想到妈妈还告诉我,评委老师在赛后研讨会上表扬了我,建议找一位指弹老师来教新的曲目。这不是喜上加喜吗?

很快,我迎来了新的吉他老师。他给我的第一印象是很酷,从穿搭和发型上就能看出来。我突然意识到,他就是在我第一次参加考核时说我的曲目没难度的老师,紧张感瞬间充斥我全身,让我对接下来的课程效果有点担忧。

经过几节课的相处,我才真正认识了这位实力非凡、友好且认真对待每一堂课的吉他老师。他布置的任务要困难得多,他选了一个日本指弹曲目作为学习内容。我研究了一遍原版的弹奏,仿佛打开了新世界的大门,第一次意识到吉他还可以如此多样化,我甚至不敢相信这是老师要教我的内容。我对这次挑战充满期待。

在学习的过程中,我似乎找到了当年学习《枫叶城》的冲劲和决心,享受学习的过程。在新老师的指导下,两个月后,我成功地超越了自己。刚好又迎来了年度考核,我凭借着这个曲目获得了第一名。老师在琴行跟我击掌,祝贺我取得了好成绩。我笑了,因为我没有辜负老师的期望。

结语

无论是生活、学习,还是工作,我们都会面临一些需要反复完成的任务,它们可能会很无聊、很枯燥,甚至会让人变得疲惫和烦躁。然而,我们不要放弃,因为这些任务正是未来成功的基石。

很累的时候,说明我们在走上坡路。只要坚持,相信我们一定能看到山顶的风景。

姚梦竺

出生年月：2007年7月

获得荣誉：

2023年担任斯里兰卡国际义工项目志愿者

2023年担任"爱传递·再生电脑教室"项目志愿者

获得上海尚德实验学校国际高中2020—2021学年"学科精英"称号

获得社会艺术水平考级证书（素描八级、速写六级、漫画七级）

2020年获得上海市青少年校园影视创作（导播）三等奖

2017年、2019年获得新东方夏令营金奖

2013年获得第2届小上海风情杯特等奖

师长评价：

你是一个真正的学生领袖，既有出色的学习成绩，又有谦逊的品质；既拥有批判性思维和独立个性，又具有管理团队的领导力。你让师长最为自豪的，是你坚韧不拔的品质、在逆境中快速调整和快速学习的能力。你的进步令人瞩目，你的努力让你成长，你的谦逊让你出色，你的善良令人动容。希望你能劳逸结合，保持身体健康，进行规律的作息，精神抖擞方能鱼跃龙门。

爱好与抉择

刚开学时,老师让我们介绍自己,老师问我:"你的爱好是什么?"我大脑顿时一片空白,我确实没有特别的爱好,就说:"没有喜欢的。"老师尴尬一笑,我伴随着稀稀拉拉的掌声坐下了。其他的同学都说出了自己广泛的兴趣爱好,滔滔不绝,落落大方,台下响起如潮水般热烈的掌声,我无地自容,感觉自己像被笼罩在灰色的阴霾里。下课后,同学们迫不及待地开始交友,围成一圈,寻找和自己兴趣爱好相同的同学,我坐在座位上,感觉自己不属于任何一拨人。欢声笑语此起彼伏,沉默的我仿佛被隔绝开来,这一刻,我才明白,有了爱好不仅有利于交友,更是对生命的补充。

那天之后,我一直在尝试去寻找自己的爱好。别人擅长运动,我就去学一下,虽然我暂时技不如人;别人擅长唱歌,我也想去试试看,但我知道自己的乐感并非最优;别人擅长手工,我也并没有那么手巧。种种尝试后,我几乎要放弃了,心想:难道我真的没有什么擅长的东西吗?就在这个疑问出现的时候,我在网上看到了别人画画的视频,抱着好奇的心态点开,看到一个小姑娘在画一幅简单的风景画。她拿着画笔,一笔一笔认真地描绘,葱葱山林、潺潺流水……都可以呈现出来。画好后,小姑娘露出了发自内心的笑容。看到这个视频的时候,我的内心好像被触动了。画画,看起来真的很好玩,我也想画画。这个想法让我与绘画结下了缘。

  妈妈也很喜欢画画,我就看着她画。每次看到别人画画,我就会惊叹,仿佛画画的手不是手,而是造物之神,赋予了简单白纸斑斓的色彩与意义。这让我激动不已,我也拿起了白纸,开始画画。刚开始学习时,我喜欢描绘周边的事物,如动物、植物、餐具、人等等,我都想要画下来。看着这些东西被我用稚嫩的手法画在纸上时,我的内心有了特殊的情感与感受,就算第一次画得并不是很好,但我也感受到了画画的快乐。自此以后,我几乎每天都会画画,我会把自己的想法画下来,这种感觉十分有趣,就如同有了来自虚拟世界的朋友一样。我才明白,原来属于我的兴趣爱好,就是画画。

  家人也察觉到了我喜欢画画,于是给我报名了画画课,希望我能学到专业的知识,激发更多的热爱。妈妈说过,绘画是实现想法的最好方式。绘画看似简单,但实际上非常复杂,需要对事物进行观察,对色彩与线条有很好的掌握,才能画出具有灵魂的作品。在基础班上,老师常常教我们各种绘画的技巧,比如颜色的搭配、怎么去勾线与画草稿、怎么去完善画面,尽管很简单,但我也认真练习。随着我逐渐长大,画画也从基础提升到模仿,逐渐发展到有自己的风格,常常被老师夸赞,这令我倍感幸福。年龄的增长意味着我必须更上一层楼,老师便与我商量,让我去更高阶的素描班级。素描对于绘画进阶来说很有帮助,于是我欣然同意前往。

  进入素描班,我曾经天真地以为自己能画得更好,也能收获快乐,但由于我是插班生,老师只能先让我尝试画一个石膏立方体,我看着这个石膏体,似乎没感到想象中那种空前的快乐,而是有一种无趣的感觉。但没办法,既然来了,就不能轻易打退堂鼓,我就看着教程来,一步一步地画。我画完后,将它交给老师,老师说:"阴影打得可以,但是你的形画歪了。"我听着老师的讲解,机械地点着头。我明白素描对于美术学习是非常重要的,也是为了我自己的专业绘画不断进阶而铺路的,但是我在素描里似乎体会不到什么快乐,这些灰白的画面快要将我的心淹没了。在接下来将近四年的时间里,我都在画素描,与之前的儿童绘画班不一样,这门课程更加专业、难度更大。不出所料,我在素描班里,成了一个普通的学员。考核的时候,我的作品虽然分数还行,但是离优秀还差很多,我很敬佩班级里一些交出优秀作品的同学。每次画素描的时候,我都扪心自问,我是否真正喜欢素描呢?我真的擅长吗?周围沙沙的铅笔声伴随着这种想法,我又熬过了3个小时。

  直到有一天,在我们都考完级的情况下,老师想让我们尝试去画水粉画。"虽然与素描的本质是一样的,但是水粉画的趣味性更强一点,不像素描那么严肃。"老师的话,激起了我的好奇心,于是就开始提起画笔，不抱期望地尝试水粉画。我发现，这种调色的乐趣与色彩的搭配，让我似乎又找回了记忆中小时候对画画的无比热爱，这种丰富的色彩才是我最开始认识的绘画，是我最喜欢的。我快速地完成了画作，老师给出了久违的表扬："色彩搭配得特别好，不是模仿，而是绘画了。"老师欣慰地笑着说，这让我重拾了信心。从此以后，对于每次的绘画课，我都期待能画更多，期待能与更有趣的作品相遇。我从素描班转到了设计班，画的是更加需要扎实功底的作品。这一切，让我的审美有了质的提升。

在初中忙碌的学业中，画画是为数不多能让我感受到快乐的事情。我曾一度想将绘画作为职业，可是有一天，我们老师说："爱好只作为爱好就好了，当作一生的目标后，你很有可能会迷茫。"我当时并不理解为什么，明明画画是一件很开心的事情，为什么会迷茫呢？我在听了更多从业者的观点之后，明白了，其实我是把画画当作一件热爱的事情，而并非想要通过它来获得财富。将画画作为职业，我可能无法兼顾其他。关于我的未来，我希望不是只有画画这一条路可以选择，我希望我能有更多的人生道路。在顿悟了这一点后，我在国际高中的课程中，并没有选择绘画，而是选择了分数要求更高的课程。我并没有放弃绘画，而是将其视为挚友，绘画给予了我莫大的帮助。我认为爱好与其他事情并不冲突，爱好是伴随我一生的事物之一，而我的未来可以通过学习更多知识而变得路途宽广。

人生的抉择无处不在，只不过是题目的多少、单选与多选的区别，有些决定可以影响人的一生，必须慎重。在每一次的抉择与尝试后面，就是未知的道路。若我不曾尝试，我可能不会绘画；若我不曾抉择，我可能会义无反顾地将绘画作为人生目标。我从未后悔过自己的决定，也从未放弃过，我认为，每一个决定的后续就是完全的未知，不应后悔，不应抱怨，而是要尝试去完善它，尝试去将不完美变为完美。

余东钊

出生年月：2009年9月

获得荣誉：

获得围棋业余 3 段证书

获得葫芦丝六级证书

获得微软颁发的 MTA（信息专业能力认证）证书

获得第 18 届全国青少年科技创新大赛复赛小学高年级组三等奖

获得第 19 届全国青少年科技创新大赛复赛小学高年级组二等奖

获得童程童美"发现杯"编程比赛二等奖

获得第 13 届青少年蓝桥杯 STEMA 中级 Python 创意编程组（广东赛区）选拔赛二等奖

师长评价：

东钊是个阳光帅气、朝气蓬勃的小伙子。他做事积极、学习认真，在学生会中能独当一面，是老师的得力助手。

他是一个乐观、积极向上的人。在学习上，他会自己摸索出一套适合自己的学习方法，在与人相处上坚持主见。

希望在未来，东钊会更自律、更优秀！

勇敢地战胜困难

初遇困难,迷茫畏缩,确定目标

问大家一个问题:"你们有没有被身边的人嘲笑并孤立过呢?"

我有过,那是在六年前的夏天。我棋技的快速提升让我升入了一个水平很高的班级,这里的同学们基本上都比我大两三岁,他们见我年龄那么小,棋技也比他们差很多,便嘲笑我,不跟我下棋。这对于仅仅八岁的我来说打击太大了,我呆呆地站在棋院门前,眼里噙着泪,转过身对父亲说:"我不想来这个班了。"

父亲明白了我的意思,但他只是一直坚定地看着我,然后蹲下来,给我竖了一个大拇指,说道:"他们的实力确实都很强,但爸爸相信你一定能通过不断努力,最后战胜他们,让他们对你刮目相看。"

我看着他的眼睛,心里有了勇气,便不再有退缩的想法。我勇敢地走进去,找到一个对手,和他下棋。之后,我没有退出这个班,一直在这个班里学棋。那个时候的我,只是想着超越这些同学,让自己不再被他们嘲笑。

面对困难,回首过往,再次前进

仔细想想,在这之前,我确实是一帆风顺的。在学校,我当了数学课代表,语文、数学这两科的成绩总是能拿到满分。在围棋方面,我也比同时进来的那批同学学得快很多,很快升入更高级的班,并在几次比赛之中拿到很好的成绩。那时的我,虽然没有懈怠,并且水平也在慢慢地提高,但内心早已因为一次次的胜利而充满了狂妄,对别的同学总是十分傲慢。直到经历了这一次被孤立的事件,我才明白了那一句"人外有人,天外有天",我不能再这么傲慢下去了!我得要沉下心来学习!

我的老师对我很好,他知道我年纪小,技术也比别人差一点,肯定会被班上其他的同学孤立,于是,他总是找时间私下多给我灌输一些知识。那个时候的我,骨子里的傲慢已经渐渐变成了坚强,我不再被身边同学的嘲笑所干扰。上课的时候,认认真真地听老师讲;下棋的时候,每落一子都十分细心;回到家中,也会高质量地完成老师布置的练习作业。我从未放弃,坚信自己一定能成功。

我有想过，等我超过这个班上的所有同学时，我会多么风光！但我没有想太久，因为我明白，如果自己不够努力，被嘲笑的永远只会是自己！

战胜困难，再遇新难，继续航行

或许老天感受到了我的努力和坚强吧，过了一年，我的实力真的超过了其他人，并且到达了围棋人学棋的一个分界点：段位。那个时候的段位选手很少，很多人都是卡在差一点点就升段的位置。我虽然能战胜很多同级别的对手，但仍然没有十足的把握可以升段成功。当我知道比赛中的对手很有可能都不是跟我一个级别的，甚至我是所有选手之中级别最低的选手时，我胆怯了，我再一次产生了退缩的心理。"只剩下不到一个月的时间了，这么大的差距，我该怎么去追赶呀？干脆这次就放弃了，等下次吧。"我小声对自己说，做好了不报名的准备。

可等我准备回家告诉父亲这个想法的时候，我忽然看到了好几棵很矮的竹子，它们笔直、挺拔地站在我的前方，无论多大的风吹过来，都不会晃动一下。我有些不信邪，向前推了推竹子，发现它们仍如同原来一样，笔直地立在那里，就像曾经的我一样，十分坚强。我有些羞愧了，心里暗暗对自己说："这一次一定要冲上段！"

在之后的日子里,我付出了比以往更多的努力来备战比赛。每天早上,我都会对自己重复那一句:"这一次一定要冲上段!"等到比赛那一天,我心里虽然紧张,但没有半点退缩的想法,我只想尽自己最大的努力去打败每一个对手。凭借着自己坚强的意志,我全神贯注地下完了每一盘棋,最终以第三名的成绩冲段成功。抱着金铜色的奖杯和段位证书,我如释重负,激动地跳了起来。

达到目标,坚强向前,不惧困难

在此后的学棋生涯里,我碰到了很多很多强大的对手,遇到了许多的困难,但我骨子里的坚强让我不断坚持下去,打败了一个个强大的对手。虽然随着学业压力的增加,我无法继续学棋,但我的水平已经达到了三段,在同龄人中是很高的了。现在的我,即便已经好久没有跟别人下棋,但仍能记得一部分招式,或许这就是自己努力的结果吧。此外,在学习围棋的过程中,我养成的沉着和坚强等优良品质让我的成绩始终在班级名列前茅。在小升初考试中,我考上了我们市里最好的中学,并且还是五千多人中的前一百名。我不仅进入了最好的班级,还免掉了三年十多万元的学费。所有的付出终于在此刻得到了回报,我无比感谢曾经没有放弃的自己,无论是在被其他同学孤立的时候,还是在自己胆怯不敢参赛的时候,我始终都没有放弃,勇敢地一次次战胜了困难。

各位学弟学妹,我们的一生就是在奋斗中不断进步的。即使身边的困难很多,但只要我们坚定自己的目标,将浮躁的心静下来,当你努力了很长一段时间后,再回过头来看,会发现"轻舟已过万重山",所有的付出都会得到回报。

愿每一位少年都能成为那个理想中的自己!

周子涵

出生年月：2012年9月

获得荣誉：

2021年获得"学习榜样，致敬先锋"活动二等奖

2022年获得广州市红领巾奖章个人三星章

2022年获得"海燕杯"海珠区青少年书画比赛一等奖

2023年获得广州市海珠区中小学乒乓球锦标赛男团乙组第八名

2023年获得宝玉直街小学规范字书写大赛特等奖、"宝玉杯"数学能力竞赛特等奖

2023年获得海珠区中小学环保工艺美术创作大赛二等奖

师长评价：

你是一个认定了目标就勇往直前的男孩，有强烈的集体荣誉感。在校运会和艺术节上，你努力拼搏、为班争光的那份热情，让我很感动。你对知识充满渴望，上课积极举手发言，并认真完成作业。你优异的成绩也源于良好的学习态度和习惯。希望你保持良好的心态，坚韧不拔，向更高的目标迈进！

我和乒乓球的故事

最初体验

我最早接触乒乓球是在幼儿园中班。那时,楼下有乒乓球桌。每到周末,就会有体校的老师来这里教乒乓球。起初,我只是在玻璃窗外看,看着他们把白色的球打来打去,并不明白其中的乐趣。直到妈妈把我领到教练面前,提议让我尝试一下,看看是否能一起学,就这样开始了我的乒乓球学习之旅。

刘教练是我的启蒙教练,总说我有天赋,也因此常给我免费加时间练习。但是那个年龄的我还太小,总想着玩,也常会跟教练对着干。教练也想各种办法,给我买礼物,带我吃好吃的,还送我乒乓球鞋。最终,我还是在教练的软硬兼施下,打下了扎实的基础。

本以为事情就这样继续下去,后来,刘教练毕业后去了珠海,我的学习也暂时停止了。离开前,刘教练还安排了其他教练带我,但因为各种各样的原因,我没能坚持。我跟乒乓球暂时分开了。

再次结缘

直到上小学三年级,我才再次跟乒乓球走到一起。这期间,我尝试过篮球、足球,最后才发现内心真正喜欢的还是那颗小白球。但因为中间间断了学习,我跟一直坚持下来的队友有了差距,内心的悔意燃起了我的斗志,我相信我一定会追上他们并且超过他们。

我开始在两个机构一起训练,以求更快地进步,但不得不说,练习确实是枯燥的。正手攻球、反手攻球、左推右攻、推侧推攻、拉球这些反复练习,让我有些动摇。但看到比我厉害的队友,我还是咬牙坚持。

慢慢地,进步着!

真的爱了

坚持真的很难,但热爱就是一种享受。一场比赛,让我彻底爱上了乒乓球。

海珠区青少年乒乓球锦标赛是我参加的第一次比赛。我和其他三个来自不同学校的队友临时组成了少年宫代表队,大家只有短短半年的一起练习的时间,说实话,我们心里都没底,但边教练说带我们找差距、提升实力。

就这样,我们抱着见世面的想法来到了比赛现场。然而,第一场比赛就给了我们一个大大的耳光。我们对战的是 A 小学,第一个上场的队友还没有摸到对手的套路,就被大比分 2∶0 打败了。我是第二个上场的,虽然不停地给自己打气,但内心还是很紧张。比赛开始了,我的手都有些颤抖。率先发球,我将球抛起,顺利快速地打向了对手,我最擅长打角位。对手刚开始没反应过来,连吃发球。然而几个球过后,他完全掌握了我的套路。球好像很听他的话,我连连失手。最后我也输了。我们丢掉了第一场比赛。比赛前,我觉得我们的实力还是不错的,打完那场比赛,才知道与对手的差距还很大。

出师不利,大家都很沮丧。这时,边教练及时帮我们调整状态,让我们摆正心态,从失落的情绪中走出来,继续迎接后面的挑战。

第二场我们对战 B 小学。通过第一场的观察,我们和 B 小学的校队实力相当。边教练说,这就是比心态的时候了。队友打球时,我们互相鼓励。输了球,我们也鼓励他,不责怪他,让他没有压力,去应对下一个球。第一轮,队友率先给我们队拿下一分。轮到我上场了,赛前对打热身时,我不小心把拍子磕到了,胶皮开了,这可把我急坏了。队友立刻拿出他的拍子。这可是他爸爸花大价钱给他买的专用拍,平时都舍不得给我们试,现在却毫不犹豫地拿出来给我。我很感动,也倍受鼓舞。最后,我们拿下了这场比赛,实现了 0 的突破,全队士气大涨。

中午,教练利用短暂的休息时间给我们复盘,并对下午的比赛进行布局。下午的两场比赛,我们越打越顺,最终在 20 多个队中,拿到了团体第八的成绩。

通过这次比赛,我们除了了解自身的差距,也更理解了乒乓球的精神。为了更好地迎接明年的比赛,我们主动要求教练给我们集训,单项突破。每天 3 个小时的训练,我不感觉累,反而异常兴奋。因为我怀揣梦想,为梦前行。

我眼中的乒乓球精神:

乒乓球精神是孤独,一球,一拍,日复一日的训练就是全部;是拼搏,球不落地,永不放弃;是温暖,团队协作、相互鼓励是前行的动力。

我沉浸于乒乓球来回碰撞的魅力。

第三章

学习的方法

刘泓毅

出生年月：2012年7月

获得荣誉：

2019年获得广东电视台粤剧表演小小演员一等奖

2020年获得全国机器人等级考试一级证书

师长评价：

品性善良的你，关爱各种小动物，在课间和老师分享自己养小动物的趣事；待人彬彬有礼的你，和人交往时绝对不会随波逐流；富有独特见解的你，在写作中透露出小小的人生智慧；毅力在不断增强的你，慢慢成长为更优秀的自己……

"士不可以不弘毅，任重而道远。"老师想念可爱的你，也祝你在中学部学业有成！

喜欢实验的我

我是刘泓毅，属龙，是个对事物充满好奇心、喜欢探索的男孩，往往能观察到不同的世界。说到探索和观察，不得不提到我非常喜欢的一种探索方式——做实验。很多人上学时，都有进实验室做实验的体会，但很少有人能够体会到做实验的快乐和实验给人带来的美妙的探索感觉。下面，我用几个我做过的小实验来带你走上实验探索之旅，希望能让你从中感受到实验的能量和探索的魅力。

在做实验前，我们有一些准备工作要做，也有一些工具需要我们提前准备好。切记不要在实验中去找工具，这样很危险，尽可能把工具提前准备好。

实验1：纸杯烧水

准备材料：纸杯、水、杯托置物架、蜡烛

实验目的：用纸杯烧水，看水能否烧开？纸杯是否会燃烧？

具体操作：我们准备好材料后，可以开始做实验了。先将纸杯接满水，用实验仪器将装满水的纸杯悬挂在点燃的蜡烛上，然后我们只需要观察、等待就好了。而这一小段时间也是最紧张刺激的，我们会想纸杯是否会被烧坏？水是否能在这种状态下烧开？

渐渐地，我们发现不但纸杯没有被烧坏，纸杯的底部还出现了一些像小米粒一样大的气泡，这证明水的温度在升高。再过一会儿，气泡越来越大，我尝试把手指放进去，感觉水有点儿烫手了！慢慢地也可以看到水蒸气了。"水开了！"我高兴地喊道。

通过这次实验，不仅验证了纸杯烧水是可以成功的，还让我明白了一个道理：水的沸点（液体沸腾时候的温度）只有 100 ℃，纸杯的燃点却是 180 ℃，所以当纸杯里装满了水时，它就不会被点着。这就解释了用纸杯烧水，不仅纸杯毫无损伤，而且还能顺利地把水烧开的现象。

这虽然是一个很简单的实验，但是充分地激发了我对做实验的兴趣。我要不断地探索新的事物，发现世界更多的奥秘。

当然，这只是我们探索之旅的开始，我们不会一直做很简单的实验，下面让我们的实验升级！

实验 2：彩虹雨滴

准备材料：大号量杯、水、油、色素、滴管

实验目的：验证水和油的密度

具体操作：首先，我们需要一个透明的大号量杯，方便我们观察"雨滴"；接着，我们需要一点油，把这点油倒入量杯中；再把色素和水混合，用滴管依次滴入水珠（记得要加色素，要不然不好看）。你就可以看到，当水滴落入油中的那一瞬间，水滴就犹如凝固了一般，变成了一颗"露珠"。如果你把盖子封紧，不停摇晃，你就可以看到一颗颗更小的"雨滴"从量杯上方落下。

这是因为油和水的分子结构大不相同，而且水的密度比油大，所以当两者相互作用时，就会产生这种神奇的"雨滴"效果，再配合色素，就有彩虹的感觉。

怎么样？实验开始有趣了吧！第二个实验可谓是有色彩的实验，虽然材料比第一个实验多一点，但是，视觉效果也会好很多。如果你还没有尝试过，又很感兴趣，可以在保证实验安全的情况下，做一个"彩虹雨滴"的实验。

接下来，让我们来做一些新的尝试，有一些实验是为了验证，而有一些实验是单纯的探索。跟着我的节奏，一起来深度探索吧！

实验 3：夜光溶液

准备材料：大号带盖粗管试管、大量杯、一包夜光溶液粉末、木制搅拌条、化学工作站、水、剪刀具体操作：

1.用大量杯量出75毫升水,然后将水倒入大号粗管试管中。

2.将试管放入化学工作站的固定夹中。

3.用剪刀剪开夜光粉末的包装袋,注意不要用牙齿咬开包装,防止粉末进入眼睛或嘴中。

4.轻轻地把粉末全部倒入试管中,并尽量避免产生飞粉。

5.用木制搅拌条搅动,使粉末与水混合。

6.等充分混合后,把试管盖子盖上并旋紧,摇晃试管约30秒。在此之后,溶液混合物不断分离,因此每隔几分钟要摇动一次,直到混合物变稠或凝固。

7.将试管放在光源(例如灯泡)下几分钟,然后带着它进入一个黑暗的房间,看看会出现什么情况？注意混合物在使用后请丢弃处理。

出现什么情况？一种材料,在光源(例如灯泡)的照耀下,随后发光,人们称这种材料为磷光体。磷光体可以是磷光材料(表示离开光源后,材料将继续发光)或荧光材料(表示离开光源不久后,材料将立即停止发光)。离开光源后,磷光材料会继续发光,因为材料中的分子会存储摄入的光能,然后逐渐以光的形式再次释放。

顺便说一下,化学元素磷被发现,是因为它暴露在空气中时,会发光。

想要尝试做这个实验的小伙伴要注意,磷光材料要使用在黑暗环境中可见的警告标志,以免误伤他人。

如果你已经跟着我的脚步来到了实验3,是不是感觉这些实验很神奇呢?这些实验都是前人验证过很多次的,危险系数并不是很高,在一定条件下都可以尝试。

虽然我很喜欢用实验的方式进行探索,但是不得不说,有一些实验还是有比较高的危险系数,我也不敢做,至少现在还不敢尝试,但我可以分享给你方法,你可以在安全的情况下进行尝试。

实验 4:法老之蛇

准备材料:白糖、小苏打、酒精、沙土、打火机

具体操作:

首先将小苏打和白糖均匀混合在一起,将它均匀地撒在沙土上,接下来把酒精倒在小苏打和白糖混合物的边缘,最后你就可以借着酒精点燃小苏打和白糖的混合物,得到一条巨大的法老之蛇。

揭秘原理:硫氰化汞受热分解所形成的"法老之蛇",其实就是碳和二氧化碳。

实验 5:大象牙膏

准备材料:一瓶过氧化氢、肥皂水、酵母粉、水

具体操作：首先我们把一瓶过氧化氢和肥皂水混合，然后在混合物中加入少量酵母粉和水混合的溶剂，最后得到一堆直冲云霄的泡沫。

　　揭秘原理：过氧化氢和催化剂会产生剧烈反应，释放大量氧气，氧气与肥皂水混合就会产生大量泡沫，产生泡沫喷涌而出的效果。

　　好了，今天的探索实验之旅告一段落。别忘记了，实验中的探索和生活中的探索是一样的，你要对人生充满好奇，充满期待与向往。

　　对了，温馨提醒，实验有风险，学生请在大人的陪同下操作。

刘新泽

出生年月：2012年1月

获得荣誉：

跆拳道黑带一品

三星级篮球运动员

校足球队队员

中国美术学院社会美术水平考级软笔六级

中国美术学院社会美术水平考级硬笔四级

中国美术学院社会美术水平考级素描四级

2019 年荣获杭州师范大学附属丁兰实验学校"优秀队员"称号

2019 年获得道魂 & 摩登大自然跆拳道城市联赛(杭州站)男子组 21 kg 级第一名

2020 年在杜特体育超级联赛 V9 组别荣获 MVP 称号

2020 年荣获浙江省第 7 届青少年跆拳道公开赛男 D 高段七章比赛第一名

2021 年荣获杭州师范大学附属丁兰实验学校"丁兰好少年"荣誉称号

2021 年荣获第 4 届"丁兰杯"班级足球赛 MVP 称号

2021 年荣获杭州师范大学附属丁兰实验学校"寒兰少年"称号

2023年在杭州市上城区中小学生体育"双百赛事"体能常规赛小学男子足球绕杆射门比赛中荣获足球小达人称号

2023年获得浙江省第5届小篮球联赛（余杭赛区）团体赛第一名

师长评价：

　　刘新泽同学是名副其实的运动小达人，篮球、足球、跆拳道样样精通，多次荣获"最有价值球员"称号，跆拳道更是达到黑带一段的水平。在静心创作方面，他多次斩获"写字小能手"荣誉，也能静心地去创作一幅幅的画作。刘新泽同学在动与静之间，展现了出色的全面素养和持之以恒的毅力。在未来的日子里，我相信他会继续发光发热，在追求卓越的道路上勇往直前。无论是在球场上，还是在创作的画布前，都请继续保持热情，相信他一定能创造更加美好的未来！

财富罗盘游戏：探寻智慧的航行

我和老爸上同样的课

2020 年，老爸去上海参加了一个课程的学习。同年 10 月，他又跟着这门课程的老师、同学去敦煌徒步了 108 千米。作为大家眼中的"运动小王子"，我对沙漠徒步这件事情十分感兴趣，于是老爸出征之前，我就问他："能不能带上我一起？"然而，老爸告诉我，如果要去沙漠，首先就要去课堂学习相关的课程，从此"Money&You"这个课程的名字就印在了我的脑子里。不过，老爸说报名这个课程最小的年龄是 10 周岁，而以我当时的年纪，还没有办法参加。

2022 年 7 月，我过了十周岁生日。有一天，老爸回家和我说，Money&You 的课程即将在杭州开班，老爸也给我报了名。正当我为离沙漠徒步的梦想又近了一步而高兴时,老爸的下一句话让我崩溃了,他说:"儿子,上这个课,你要做好准备哦。因为总计3天的学习,总上课时间有40多个小时。"我的天啊,3天要上40多个小时的课,好在老爸的下一句话又让我有了信心,他说:"不过,儿子你放心,这个课程65%的时间都在玩游戏。"我一听到"玩游戏",瞬间提起了精神。

就这样,带着些许紧张、些许期待,2022年7月15日,我走进了Money&You的课堂。坦白地讲,虽然课程中游戏互动的环节比较多,但是每天上课都到深夜,着实还是有些累。好在我和爸爸的朋友家的孩子一起上课,我们结下了深厚的友谊。

课程的最后一天下午是家长开放日,老爸来到现场,我上台分享了这几天的收获,最后从甜心公主(授课老师郭腾尹老师的绰号)手上接过了结业证书。

探寻智慧的航程

在3天的学习过程中,我们玩了很多的游戏,如XY游戏、套圈圈游戏、积木游戏、拍卖会游戏,还有富中之富财富罗盘的游戏。也许是因为之前在家里看到爸爸玩过这个游戏,所以我对财富罗盘游戏特别感兴趣。在课程的第一天下午,我们在课堂上也体验了一次财富罗盘。

财富罗盘游戏,我曾经看爸爸带别的叔叔阿姨玩,我们一家人在家里也玩过。但是以前玩的时候,我心里好像只装着钱的概念,就是希望在游戏中可以获得更多的钱,而对于卡牌上的文字内容,我总是忽略掉了。每次拿到卡牌,只关心这张牌是赚钱还是赔钱。这一次,通过学习,我知道了,原来这个游戏就是 Money&You 课程内容的浓缩,每一张卡牌都是一个知识点。下面,我分享一下在财富罗盘游戏中的收获。

第一站:航海大冒险

在财富罗盘游戏中,我好像变成了一名勇敢的探险家,驾驭着自己的小船"π",驶向富中之富的岛屿。在这条航线上,有许多有趣的地方等待着我去探索。通过这一次在课堂的学习以及之前几次玩罗盘的经验,我学会了怎样正确看待金钱。金钱就像是大海的浪花,时而高涨,时而平静。刚开始的时候,我的钱花得很快,而且基本上都用在了日常开支上。通过这个游戏,我明白了节约和理财的重要性,就像是在大海上,我要学会驾驭风帆,掌握航行的方向,才能够抵达成功的彼岸。

在这次航海大冒险中,我也明白了投资的概念。有一次,我想要去投资开办一家企业,但是我的钱不够,遗憾地错过了机会;还有一次,我听说可以买股票,就用手上的现金买了 100 股股票,后来在游戏中获得了不错的回报。不过我知道,在现实生活中,投资是有风险的,但如果凭借智慧进行选择,就能够收获不错的回报,就像船长需要根据海流和风向来调整航线一样。

我还学会了储蓄,明白了理财的重要性,就像在探险中,我要储备足够的食物和水,以备不时之需。这些宝贵的知识将伴随我一生,帮助我在未来的旅程中更加从容地前行。

第二站:性格大挑战

航行在继续,在游戏的内圈,有一个站点叫"发现",这里有各种各样的性格特征卡牌在等着我们。DISC 这个词我很熟悉,我老爸的衣服上都是它,家里有很多相关的图书,甚至我们家的口罩、一次性茶杯上面都是这个词。这一次,通过课程的学习,我也明白了这几个字母背后的含义,理解了不管是什么性格,都有它的优势和潜能。

在卡牌中,还有一些关于情绪的描述。我记得我老爸曾经送给我一个"情绪枕头",也经常陪我玩情绪觉察的游戏。而这一次,通过游戏,我才发现控制情绪是一件非常不容易的事情,我们会因为拿到好的卡牌或者拿到不好的卡牌而发生很多情绪的变化。在甜心公主的分享中,我明白了情绪是正常的,就像大海有时会起风浪一样。我学会了表达情感,也学会了控制情绪,就像船长在航行时,会调整风帆,保持平稳。

有一个环节,我看到同桌的玩伴遇到了一些困难,感到有些沮丧。后来,我们一起交流,分享了彼此的感受,我们就像同在一艘船上的航海家,一起面对风浪,相互支持,共同渡过了难关。这些宝贵的经验让我变得更加坚强,能够更好地应对生活中的起伏和挑战。

第三站:合作共赢

在游戏中,我们通过相互合作,才取得了成功。在现实中,我们也要多和别人进行合作,比如,踢足球的时候,自己能进球自然开心,但是如果能像梅西一样,把进球的机会让给队友,这样更能获得队友和球迷的认可。作为校足球队的一员,以后我也要努力为别人创造更多的进球机会。事实证明,我们班在参加"丁兰杯"比赛的时候,都是靠着集体的力量才赢下比赛的。通过合作,我们不仅走得更远,还能够更快地找到解决问题的方法。

通过游戏,我明白了合作的重要性,就像在航行时,每个船员都有自己的职责,但需要共同努力,才能顺利前行。这些经验让我更加懂得与人合作的重要性,尊重他人才能共同创造更大的价值。

第四站:勇敢战风浪

财富罗盘的卡牌很多,每一张上面又有很多的文字说明,所以在我第一次接触这个游戏的时候,老爸说:"你估计弄不明白,这个游戏有点复杂。"但是通过三五次的玩盘之后,我发现我已经渐渐地掌握了这个游戏的很多内容。而且我觉得,就像甜心公主说的那样,每一次玩这个游戏,也不一定要完完全全地掌握每一张牌,只要在一局游戏中有一点收获,对于我们来说,这一场游戏就没有白玩。

船在风浪中航行,需要勇敢地面对一切艰难险阻。在游戏中,我遇到了一些意想不到的挑战,但我没有退缩,而是勇敢地迎接。通过游戏,我明白了困难并不可怕,它是我们成长的机会,就像大海中的波浪一样,会把我们推向更远的地方。

在财富罗盘的游戏中,我明白了面对挫折的态度很重要。就像在航海时,船要灵活地应对风浪,我也要灵活地应对生活中的困难。这些挫折并不是终点,而是让我变得更加坚强和成熟的过程。

尾声

Money&You 的课程里有一句话:"学习在课堂,实践在敦煌。"

原本我是冲着沙漠徒步去学习这个课程的,不承想沙漠还没有去,倒是先去"海洋"探寻了一圈。不过没事,反正老爸已经答应我,明年就带我去沙漠徒步,罗盘游戏纯属意外收获。

在财富罗盘游戏的航程中,我不仅探索了财富、性格、合作和挑战,还获得了无价的智慧和成长。这些宝藏将指引我在未来的人生航程中勇往直前,去往更广阔的海域。

现在,每次约同学到我家来玩的时候,我也多了一个游戏选择,我会摆出财富罗盘的游戏沙盘,邀请我的同学和我一起玩。当然,我还需要老爸来给我们担任领航教练。

如果你也想成为一名探险家,在智慧启迪的航程中发现无限的可能性,我诚挚地邀请你和我一起来玩财富罗盘游戏。让我们一起在这个奇妙的航海过程中,探寻更多的宝藏,共同创造丰富多彩的人生。

苏昕羽

出生年月：2013年2月

获得荣誉：

2023年获得青岛市区级"优秀学生"称号

2023年获得"同心行"全国少儿文艺汇演大赛(器乐专业)金奖

2023年获得第27届全国中小学生绘画书法作品比赛(绘画专业)三等奖

2022年获得"读者杯"全国青少年写作大会山东省二等奖

2022年获得第12届亚洲国际艺术大赛(青岛赛区)钢琴演奏二等奖

2022年获得英国皇家音乐学院联合委员会乐理五级证书

2022年获得社会艺术水平考级钢琴演奏五级证书

2021年获得英国皇家音乐学院联合委员会钢琴演奏三级证书

2020年获得第9届"齐鲁情"山东省校园学生才艺展示大赛美术专业二等奖

2019年获得青岛市第15届青少年声乐器乐朗诵大赛金奖

师长评价：

　　苏昕羽性格开朗，待人真诚热情，脸上总是洋溢着笑容，给人以春天般的温暖。她天生具有很强的人际敏感度和同理心，总是能用善意理解他人。她积极乐观，幽默风趣，富有感染力，能和所有人成为朋友。她思维细腻，文采斐然，对世界充满感知力和想象力，怀揣着梦想，在文字世界中自由驰骋。

我的写作之路

嗨，你好！我是苏昕羽，今年 10 岁，上五年级，就读于青岛大学路小学。很高兴认识你，虽然我们素不相识，但这篇文章把你我连结在了一起。

我从 4 岁开始学习钢琴，获得过很多奖项；我擅长绘画，能一连三四个小时专心创作，画出比我人还高的连环画；我爱好运动，是赛场上的运动健将，不管是跳高、跳远，还是篮球、赛跑，都能找到我的身影。我全面发展，获得青岛市区级"优秀学生"称号。

要说在所有爱好中，我最热爱什么？那答案无疑是写作。写作如同语言，是连结人与人之间的桥梁。写作于我，是伴随我成长的一件特别美妙的礼物。我很愿意把我写作之路上的趣事讲给你听，如果能够带给你一些启发，那我会像分享了礼物一样开心。

你是否曾经或正在为写作而愁闷？不是凑不满作文的方格子，就是写得不够动人；面对作文题目总是一筹莫展、缺乏灵感，看到别的同学下笔如有神，写出的文章生动有趣，好生羡慕。如果说中了你的感受，我想请你不必愁闷，因为就连厉害的作家老舍、冰心也有写不出来的时候,所以呀,这是正常的,大家都有过相同的烦恼哟!如果你想让自己下笔成章,不妨先听听我的故事吧!

我现在不光文章写得不错,而且特别喜欢写。别的同学有空时,可能喜欢看电影、做运动,而我打发休闲时光的方法常常是写文章。我最近正在写一部科幻小说,已经写了近三万字。你会不会以为我从一开始就爱上了写作,从写第一篇文章就大放异彩?事实上,可真不是那么一帆风顺,我也是在荆棘丛里走着走着,才找到了玫瑰。

在我刚接触写作的时候,也被它折磨得哭天喊地。上一年级那会儿,我在语文考试的看图写话中,那叫一个出师不利。明明是一支好轻好轻的铅笔,我却怎么也提不起它来。那时,写一篇小短文只需要不到一百字,可我连五十字也写不出来。考试时,开头没写完,结尾更是没有,顶多写上二十来个字,随便应付。当批改后的卷子发下来的时候,我其他题目都答得完美,唯独作文被老师在上面打了一个大大的红问号。那问号活像一只耳朵被打了几巴掌,变得红红的。从那时起,我就下定了决心,把作文视为我要攻克的阵地!

还别说,"功夫不负有心人",真被我找到了窍门。我把它们总结为三个方法,分别是动画片联想法、自由空间畅写法以及八字诀窍"从第一个字开始写"。且听我为你一一道来,只要你能理解其中的奥妙,你的写作水平一定会突飞猛进。

动画片联想法

刚上二年级时,我有一次看动画片,突然灵感一现,发现动画情节可以用文字描述出来。我试了试,在脑子里"写"出了一段情节,"读"了一遍,和看动画片一样好玩。我就想,可不可以在作文中用这个办法呢?

紧接着,机会就来了。在接下来的那次语文考试中,看到看图写话的题目,我没有急于动笔,而是调动了想象力,把作文题目里的图画在脑海中做成了一部可以动起来的"动画片"。没想到,"动画片"一出来,我简直下笔如有神,一下子就写出来了。我像哥伦布发现了新大陆一样,快乐地答完卷子,信心满满地交了上去。后来,那篇文章被老师当作范文在班里朗读。我发现,我成功啦!

靠着这个动画片联想法,我在之后的写作考试中畅通无阻。即使没有图画,我也可以根据作文题目想出几张画来,再在脑海中拍一部"世界大片",然后将这部大片用文字的方式转化出来,就会是一篇生动有趣、扣人心弦的好文章。我相信这个方法对你也一定会有帮助,毕竟你一定不会不喜欢看动画片吧!由此看来,其实看动画片也不是件坏事。

自由空间畅写法

不知道你有没有发现,在没有任何要求的情况下,你往往会写出很好的文章。这是为什么呢?因为你在没有限制条件的情况下写作,会感到很自由,可以想写什么就写什么。

找个不受打扰的时间,你可以写你刚刚吃的一个冰激凌的味道,可以写你观察到的太阳从升起到落下的变化,可以写你想对爸爸妈妈说的话,也可以写天马行空、充满创造力的故事。

想象空间变得很宽广,不受任何条条框框的限制,你一写就能写出很多,再也不用凑字数。时间仿佛不存在了,世界好像只剩下你和你的文字,那些生动的语言像流水一样流经你的笔尖,倾泻在纸上。你爱你的文字,也爱书写文字的自己,这真是一种美妙的感觉。

我的妈妈告诉我,这种感受有个学名,叫"心流",指的是当你把注意力完全放在一件事物上时,会产生强烈的兴奋感和充实感。原来,我是幸运地体验到了心流的感受。你是不是也很想试试?它没有那么难,只是把你用心地搭一个乐高的经历、专注地看一本书的经历,转移到写文章上就可以了。相信我,你在自由空间里酣畅淋漓地书写出来的文章,一定会得到你自己和他人的欣赏。

从第一个字开始写

当你拿到作文题目,想到要写出规定的好几百字时,是不是已经感到很有压力?于是迟迟无法动笔,而越拖延,压力就越大,就越觉得自己写不出来。等到时间不够了,必须快点写出来时,只能草草地应付了事,上交一篇你自己都不满意的文章。虽然你心里不痛快,但如果不做任何改变的话,下一回写作又会重演这样的画面。

写作本身其实并不难,你写不出来的原因往往是因为你想当然地认为它很难。我要跟你分享一个八字诀窍,叫"从第一个字开始写"。写五百字难,但你总会认同写一个字非常简单吧?是的,想写出五百字、一千字,甚至是一万字,诀窍就在于先写出第一个字。写出第一个字,你就能写出第二个字,就能写出一句话,就能写出一个自然段。如此一字接一字,一句接一句,一段接一段,你的文章就写出来了。

当你写下第一个字、第一句话、第一个段落,你会发现,写文章并没有你想象中的那么难,它无非就是由一个一个字构成的。当你只是在脑海中想象时,会感到写作是一座大山,但当你落笔写下第一个字时,就会发现写作变成了一粒一粒的小沙子。

所以,当你有作文作业时,回到家里,不妨第一时间就打开你的作文本,然后写下第一个字,写下第一句话,神奇的事很快就会发生,你会发现你想收笔都收不住呢!

  写作对我们每个人来说都是一份珍贵的礼物,它记录我们的经历,抒发我们的感受,描绘我们的想象力,是我们成长过程中亲密的小伙伴。也许它看上去并没有那么容易,但当你掌握了恰当的方法后,你会发现,它似乎都不需要什么天赋,它完全可以变成一件让你轻松又富有成就感的事情。愿你也打开写作的礼物之盒,享受它带给你的美好体验,试试我分享的这些小方法,快开始动笔吧!

余欣宏

出生年月：2009年12月

获得荣誉：

2019—2020 学年获得校级三好学生称号

2022 年获得校级智慧少年称号

获得全国青少年人工智能创新挑战赛·太空电梯工程设计专项赛银奖

太阳能电动汽车充电便捷装置外观设计专利联合拥有者(ZL202130853885.0)

盲人智能眼镜外观设计专利联合拥有者(ZL202130855913.2)

师长评价：

欣宏是一个聪明、安静、朴实、勤奋的阳光男生,心中有梦,眼中有爱。在学习上,他有明确的目标,有详细的计划,学习刻苦,勤于思考,有很强的进取心,能克服学习中的诸多困难,一步一个脚印地稳步提升。在探索兴趣时,经常沉浸在数学的世界里。他对于科学有一种特别的领悟能力,常常能把复杂的道理讲得通俗易懂、非常吸引人。在生活中,他热心帮助同学,有良好的生活习惯,总能看到他脸上充满自信的笑容。

自主预习让我快乐学习

拿起这本书的时候,你想到了什么?是它的内容还是作者?

当你认真看完书后,你会发现怎么有这么多"学霸"?

其实很多"学霸"都有一个共同的习惯,那就是预习。

预习有两种,一种是老师带着预习,另一种就是自主预习。

对于我来说,在学习数学时,运用自主预习,效果较为显著。自主预习不仅仅可以提前学习到新的知识,还能加深对以往学过知识的理解。

我在五年级的寒假,第一次接触自主预习,之前对它没有任何了解,但是通过自己不断的尝试,大概摸清楚了规律。

第一步,先做一个测试,看你的基本功怎么样。如果你的基本功不行,就把以前的课本拿出来重新学。数学就像建房子,地基出了问题,自然建不高、建不好。把基础补好后,再开始预习。

第二步,打开课本,看目录。了解这本书有什么知识点,形成一个整体的认知。

第三步,初步跟着课本走,它会向你提几个问题,你要试着回答这些问题。你可以尝试做课后的小练习,如果不会做,可以看一下课本中的公式,这是核心。你还可以试着推理公式、定理、定律等。了解了公式后,再来做练习题,就很容易了。经过仔细思考还是不会做的题目,可以在网上查资料,或者向老师请教。

就按照这样的三个步骤去预习就很不错了。比如,我要学习计算圆的面积和周长。课本会教你把圆分成 8 等份,再分成 16 等份,最后分成无数份。分完之后,再拼成一个近似的三角形或平行四边形。问你发现了什么规律?如果你发现了规律,就可以继续往下做;如果没发现,就可以直接看公式。这时,你可以大胆地去做课后习题或配套的基础练习题了。学会了自主预习的方法后,学习就会很轻松了。

当时我就从五年级的知识直接学到了七年级的,而且只用了 7 天时间。这次经历给了我极大的成就感和自信心,同时对数学的学习热情也更高了。

其实,不仅是学数学,在学习语文时,我也会自主预习。在学习文言文时,你可以先了解写作的背景知识,下面的字词翻译可以看一下,有利于在课堂中听懂老师的讲解。如果是语文的现代文部分,我们还可以针对课文的标题进行思考,比如为什么作者会用这个标题呢?这个标题怎么展开呢?如果是我,我会如何写呢?多给自己提几个问题,就会对这篇文章产生好奇,带着好奇心去学习,会更快乐、高效。自主预习在每个学科都能使用,所以每天一定要预习。

有一次,学校举行奥数比赛。在考试的时候,有很多题我本来不会做,但是因为学了更高年级的知识,所以我就用高年级的知识来答题。当你掌握了高年级的知识时,低年级的知识自然就懂了。

要养成预习的习惯,这样以后的学习会越来越轻松。如何培养自主预习的习惯呢?

1.家长可以陪着孩子自主预习,看孩子在自主预习后去上课,效果怎么样。效果好的话,孩子自然就愿意学了;效果不好的话,家长可以继续坚持,直到有效果为止。同时,要注意在孩子预习的时候,不要要求过多,否则孩子会反感。先开始,再完美。

2.家长给孩子提供一些小奖励。孩子做得好,给他一些奖励,会让他很开心。慢慢地,习惯就养成了。

很多同学不敢预习数学,是因为觉得自己天生不是学数学的料,或者不相信自己能学会。先尝试一下,试试总是可以的,不试怎么知道不行呢?

愿同学们通过自主预习,都能在学习中找到快乐,快乐学习,学习快乐!

周展立

出生年月：2008年3月

获得荣誉：

2021年获得第9届澳门国际艺术公开赛（小提琴）铜奖

2022年参加TOC演讲与辩论联盟夏季冠军邀请赛,进入32强

师长评价：

周展立同学是一个擅长独立思考、思维敏捷的人。在和老师探讨历史长河中的因果循环时，对于老师抛出来的开放性问题，他都可以，有理有据地提出自己的观点，虽然有时因为信息不对称而有失偏颇，但这并不能掩盖他的才思敏捷。

他求知若渴，孜孜不倦。刚认识他的时候，他是一个懵懂的孩子，世间万物的运行皆是他探究的着力点，每天都会追问一系列的发散性问题；及至今天，他已然长成一个优秀的青少年，对于知识网中的盲点，他依然会刨根问底，从不轻言放弃。

对待这个世界，他始终怀揣赤子之心，爱憎分明。他会为地球另一端的人的不幸而潸然泪下，也会为身边的不公而义愤填膺，正是因为他的善良和坦诚待人，所以他在每次转学之后，还是可以结交一些好朋友。

作为师长，他一点一滴的成长让我觉得欣慰和骄傲；作为朋友，我相信他在追寻真理和阳光的路上，一定会绽放出属于他自己的精彩！

那些被我选择的路

提到转学,你们都会想到什么?也许很多人没有转过学,但我想,在大多数人的班级里或学校里,一定会有那么一两个转学生。转学这个词,对于旁观者而言是新鲜、新奇的,甚至是有趣的,但对于大多数转学生来说,是未知、恐慌、紧张、迷茫、担忧的。作为一个拥有三次转学经历的学生,对于这些情绪,我都深有体会。转学给我带来的,不仅是一次次难忘的经历,更是心理上的一些改变,最重要的是转学给我带来了成长。

英语是会呼吸的痛

我第一次转学是在小学二年级的时候,从华德福学校转到了爱莎国际学校。也许很多人不知道华德福学校是一个什么样的学校,有趣的是,就连在华德福就读的我,其实对这个学校也并不是很了解。在华德福,我度过了一二年级的时光,印象中我都是在快乐地玩耍。在学习方面上，并没有抓得很紧。我记得最清楚的是华德福学校有一个沙池，沙池中有一个攀爬架，我一二年级的印象大多停留在那个沙池和攀爬架上，好像每天都在玩耍中度过，那叫一个无忧无虑。

大概在二年级的时候，父母跟我说要转学，我当时其实并不理解为什么要转学，甚至十分困惑。这种困惑虽然多多少少地影响了我的心情，但并没有影响到转学这一事实，主要是因为并非我一个人转学，有我最要好的朋友陪着我一起，我就没怎么多想了。

当我以转学生的身份来到广州爱莎国际学校（以下简称"爱莎"）就读的时候，才发现学校与学校之间真的存在很大的差别。

相比华德福学校的快乐教育，爱莎更多的是系统化的教学，并且爱莎是一所全英文的学校，除了中文课，其余的课一律用英文教学。我第一次体会到"快乐是会付出代价的"，因为一二年级都在无忧无虑地玩耍，根本不懂英文，我当时甚至连英文的二十六个字母都背不出来，也分不清大小写，更别提听懂课上老师所讲的内容了。当时学英语对我来说，简直是会呼吸的痛，我对自己也完全没有信心。

当时的我，没有内驱力。学校因为知道我们转校生的情况，所以没有施加过大的压力，换句话说，是否积极努力地学习，还是看自己。虽然我知道英语是踏入国际学校的敲门砖和基础，但我没有目标、没有动力、没有想法，觉得学英语看不到一个实质性的结果，内心有些许抵触、不情愿。我记得，当时在上课时，有一位翻译一直陪伴着我上课，在给我们翻译的同时，也会穿插一些教学解释。因为我的水平的原因，我只参与了课上一些简单的活动，一些比较复杂的功课就没有过多地参与。这导致我有些时候会觉得我跟其他同学不一样，会有小小的心理落差。

不过，学校有一个叫作 EAL 的项目，翻译过来是"英文作为第二语言的补习班"，是专门为像我这种没有英语基础的人设计的。在这个项目里，我从零开始学英文，也正是在这个项目中，我遇到了我人生中最重要的老师，安德鲁老师。从三年级的第二个星期开始，每一天我都会花上一个上午左右的时间和安德鲁老师上课。在把最简单、最基础的二十六个英文字母和大小写掌握好后，我才真正开始了我的英语学习，我对学好英语的信心也提升了很多。

我学习的第一个内容就是自然拼读法。自然拼读法就是学会不同字母的读音，包括一些特殊的读音，以及一些读音上的规律和一些常见的特例。自然拼读法最好的地方在于，面对一个全新的、未知的、很难的词汇时，哪怕我不知道它的意思，我也能流畅地利用自然拼读法把它读出来。掌握了自然拼读法，意味着在我学习英文的路上又跨出了一大步。在课堂上，除了学习自然拼读法，安德鲁老师还会带着我一起大声朗读阳光书籍（这是一种简单的、适合新手的、地道的英文书籍）。阳光书籍是分级别的，从一级到三十级。我记得非常清楚，当时的我是从第一级开始读的，一级一级地慢慢上升。

学习自然拼读法花了我一个多学期的时间,而在这段时间里,我不仅仅学习自然拼读,而且每天都有完成安德鲁老师额外布置的小任务,其中一个任务就是每天把老师教我的英文单词抄 5 遍,一般来说,一天都有 5 到 7 个单词,这样做的好处在于积累更多的词汇。另外一个任务则是完成 Rez Kid 软件上的阅读任务。这个软件是一个英语阅读软件,有二十多个级别,从 a 级到 z 级。当时的我,连 a 级别的书都读不了,尽管如此,我每天仍坚持读。

在花了一个多学期的时间之后,我的英文已经有了大大的提升。在三年级下学期,安德鲁老师和我专注于我的写作能力的提升。写作没有上学期学习自然拼读法和阅读难,它主要基于我的词汇积累以及拼读的能力,写作唯一的困难之处在于语法的学习,所以我写出来的东西大多都是病句。

在经历了三年级一年的学习后,我已经逐渐地跟上了课堂老师的节奏,也渐渐地不再需要翻译和助教的帮助了。在四年级上学期结束时,学校正式通知我,让我离开 EAL 项目。这个时候,我要真正独自去面对学习了,也正是在这时,我才觉得真正地融入了这个学校。

如果你问我转去爱莎给我带来了什么?我想我的答案一定是学会了英语。学习英语的过程远远比看起来的痛苦,当时的我每一天都在想,什么时候才能学会英语,每天都在想学习英语的过程什么时候才是个头。学会英语这个结果,是我努力换来的,对我自己来说,也是一份满意的答卷。在学会英语以外,我在爱莎认识了一群要好的同学。当然,我也认识了我的恩师,直到今日,遇到一些困惑我的问题时,我还是会去找安德鲁老师聊一聊。

正当我以为一切都会在正轨上行驶时,我的生活风云突变——我又要转学了。

逆流而上的鱼

在四年级升五年级时,我面临了第二次转学,从爱莎国际学校转去了贝赛思国际学校。这次转学与上次不同的是,我是从国际学校转去国际学校,这也意味着,环境不会有太大的改变。在四年级结束时,我对自己的英语已经足够自信了,更何况,我最要好的兄弟,梓鉴也会继续跟我一起转学。这一次,我没有像第一次一样,有太多的心理顾虑,而是对新学校充满了期待。

实际上,当我走进贝赛思时,我才发现我想得过于简单了。贝赛斯和爱莎不同的是,学校对学习有近乎严苛的考核标准,考试、作业和成绩,都是压力的来源。这也给了我前所未有的压力。贝赛思会在每个季度给出当季度的成绩单,到了年终,不及格的人将会留级。留级对我来说是比不认得二十六个英文字母更加羞耻的事。日常大大小小、堆积如山的作业,隔一两天就考试的制度让我无比压抑。不过即便如此,我还是顺顺利利地上完了五年级。

到了六年级,一切看似都很正常,一如既往的留级的压力、堆成山的作业、考不完的试。虽然习惯了经常有考试,但是因为期中考和期末考在成绩中占比很高的原因,压力比五年级时大了不止一倍。以前,我面对所有压力的方法,其实就是硬撑,那时的我不快乐。虽然贝赛思的高压学习环境让我受益匪浅,学习到了很多知识和学习方法,但是我每天都是在压抑的情绪和崩溃的边缘度过的。我爸妈注意到了我的状态,在商讨转学的可能性。

面对新学校所带来的压力,我那时候时常在想,难道就没有一种学习和快乐并存的学习方法吗?难道就没有一条可以快乐地学习的路吗?虽然贝赛思的做法符合主流趋势,包括考试、成绩、题海战术等等,但是我不想跟随这种主流,我要逆流而上,我不是不想学习,我只是不想丢失我的快乐。我本该是大海中自由快乐的鱼,却被海洋馆圈养了起来,告诉我每天要做什么、怎么做才是对的,这不是我想要的学习经历。有些人可以在这海洋馆里找到快乐,可是我不能,所以我逆流而上,不是逃避,我也不知道我将面对什么,但我还是得纵身一跃,寻找属于我的那片海洋。

最后经过爸妈的商量,他们决定我再次转学,这是我第三次转学。虽然在得知这个消息时,我觉得又要适应一个新的环境很痛苦,但在了解了新的学校后,我马上明白了,也许这才是我需要的,也许这才是适合我的那一片海洋。转学看似是逃避,看似是逃离高压的学习环境,其实不然,我只是选择了另一条路。在贝赛思时,我成绩不错,也几度入选九〇俱乐部(平均分在九十分以上的人才能入选的俱乐部)。我知道我需要什么,我需要快乐学习,需要内驱力,而不是完全来自外界的压力。我也知道,快乐和学习不是对立的,是可以共存的。

向左走,还是向右走

第三次转学,我来到了美校。适应美校比适应爱莎和贝赛思都要容易,不仅是因为这里的学习压力较小,更是因为这里的人都很快活。值得一提的是,我上三年级和四年级的一个好朋友胡家瑞也在美校,这个消息令我兴奋不已。在这里,我找回了属于我的快乐,我加入了管弦乐队,加入了篮球队,以及参加了其他课外活动,我慢慢地找到了自己。

在美校的我虽然快乐了,但也是迷茫的,是对于青春的迷茫,我不知道下一步该怎么走,是参加高考吗?是出国吗?我不清楚。虽然迷茫,但是在美校,我建立了自信心,我真正地体验到了快乐成长,体验到了多样化的学习和丰富的课外活动。

《未选择的路》是美国诗人罗伯特·弗罗斯特创作的文学作品,这首诗讲述了世人在徒步时,面对岔路时的想法。不管走哪条路,注定会错失另一条路上的风景。而我的未来也一样,会有很多的路,如去哪里读大学、选什么专业等等。有很多人问我:"你后悔吗?这么多次离开你的好朋友,这么多次要去面对新的人和环境,你从来没有后悔过吗?"也许听起来不那么真实,但是我不后悔,因为这就是人生啊,有得总会有失,总会有取舍,这是不能改变的。至于朋友方面,每一次转学,我都能认识以及结交到更多更要好的朋友,而转学也并不意味着以前学校的朋友就不再是朋友了。虽然我不在他们身边了,也许没有那么熟了,但是我们还是朋友。虽然不经常见面,但是在社交媒体上也会有不少的交流。

无论我以后选择哪一条路,我都有信心去找到那一片属于我的海洋,因为我曾经经历过很多艰难和挫折,但是我都撑过来了,所以我觉得,以后的困难并不会有本质上的区别。在这一路上,我不停地寻找,越发地清楚自己喜欢的是什么、自己是什么样的人。既然我选择了这条路,它将是最适合我的路。

其实每一次转学都是我人生中一次全新的经历,而人生重在经历,其实到头来都是苦尽甘来的。我们不会记住那些痛苦的经历,反而是那些痛苦背后的美好,我们会铭记于心。只要我们开心,其实没什么是过不去的,而我也始终相信,快乐是永恒的解药。

周致甜

出生年月：2011年3月

获得荣誉：

担任学校粤语社团团长、学校弘毅之星、班干部

学习钢琴六年，已通过钢琴 6 级考试

获得"童心向党，幸福成长"第 5 届番禺小区长竞选活动暨 2021 年"羊城小先锋"系列活动（沙湾片区）一等奖

获得广东青少年书画大赛（美术组）前 10 名

获得 2020 年少年讲书人主题活动（沙湾赛区）第一名

参与 2021 年广东省流行音乐协会十大金曲之一《爬金山》的录制

师长评价：

亲爱的女儿，我不敢说自己是个好妈妈，但是你一定是个好女儿。你有一双爱笑的眼睛，一张超会讲的小嘴巴，记得第一天上幼儿园的时候，你已经展现出与很多小朋友不一样的淡定了。你很聪明，学习能力也很强，记得我们经常玩的游戏就是大家比谁先把一本新书看完。随着你慢慢长大，你开始有自己的想法，希望你能做你想做的事情。

自控力让生活更美好

当下,几乎人人都有一部手机,手机变成了人们不可割舍的一部分。我们在任何一个场合,几乎都能看到人们在使用手机,如坐地铁时、喝咖啡时,甚至在家人的生日派对上,都有人在频繁地看手机。看着这样沉迷于手机的我们,我不禁想问:"大家真的那么喜欢手机吗?"

你是否经历或看到过这样的场景:

刺眼的白光照着一个女孩苍白的脸,现在已经是凌晨3点了,但是她仍然死死地盯着眼前的手机。一阵风声,她惊恐地抬起了头,环顾四周,发现没人后,才长长地舒了口气。她捧着滚烫的手机,此刻,她的心是矛盾的,她既享受着手机带来的快乐,也担心看手机所带来的不良后果。

突然,门"吱呀"一声打开了,她慌张地把手机藏在被子里,但是手机的白光出卖了她,而站在门口的不是别人,正是女孩的妈妈。这一切发生得太过突然了,她甚至没有关机,空气在那一瞬间凝固了。

女孩被妈妈怒斥了一顿，还被罚站到天亮。当然，她也失去了她的手机。

她其实就是9岁的我。那时候，我一拿到手机就放不下，会牺牲自己睡觉的时间，只为多看一会儿手机，最后甚至不睡觉去看手机。我失去了健康的身体，每天昏昏沉沉，打不起精神，这样的状态不仅影响到我自己，而且也影响了我和家人之间的关系。父母开始不信任我，觉得我无法控制自己，所以不允许我使用手机。就这样，手机让我获得了一些快乐，同样也让我失去了更重要的东西。

但是，现在12岁的我已经不再为此感到困惑了，不仅能控制好手机的使用时间，还拥有健康的身体和父母的爱与信任。不信？你瞧，我的妈妈一大早就把手机放在了沙发上，还贴心地在旁放了一张纸条，上面写着："宝贝女儿，不能看太久哦。"早上起来，我没有因为手机而停下脚步，而是先快速地完成洗漱等事情，后面就开始自律的一天。首先，我先完成了我的作业。随后，我看起了书，直到眼睛累了，我才开始休息。学习过后，我会画一会儿画，之后我才拿起手机，看一会儿手机里面的视频。中午睡觉时，我自觉地把手机放一边，然后倒头就睡。我也可以在晚上洗完澡后，舒舒服服地躺在沙发上看手机，还可以自由地在手机上购物等。很多人得知了我的转变，都很好奇，问我是什么原因让现在的我变得这么有自控力？我将自己成功掌握自控力的方法告诉你们。

认识自控力

很多人听到自控力,都会有一些畏难情绪,会设想自控力就是不断地逼迫自己做不喜欢的事情。

自控力就一定要逼自己?大错特错!我们如果总是逼自己去运动、去学习,这是一件很痛苦的事情。我们都喜欢待在"舒适区",所以当一件事做起来痛苦的话,我们就很难去坚持,而且效果不好,所以,我们一定不要逼自己,要学会科学地提升自控力。

形成自控力的方法

制定目标

拿一个小本子,把每天要做的事情写下来,做完了就在后面打个勾。为什么要打钩呢?打钩这个动作从情绪的角度来看,比写下事情本身还要重要,还能够起到激励的作用。这是因为打钩能让我们获得成就感,也会让我们更加愿意去执行计划。

对于打钩所带来的快乐,我自己深有体会。在我刚刚开始执行计划的时候,我积极地去执行,但是时间一长,我就慢慢地觉得无聊,给自己找借口偷懒,直到后面,我偶然发现打钩可以让自己更容易坚持,便继续使用这个方法。除了打钩,还可以定期给自己一些小奖励,例如吃个蛋糕、看部电影……这些都会起到鼓励自己的作用。

特别要注意的是,不是一天两天,而是每一天,在写计划和执行计划的过程中,我们会逐渐培养出自控力和执行力。

马上去做

生活须自律,自律须行动。制定计划后,我们就要开始行动了,而且是马上,不要拖延,或者为自己找借口。不然的话,写了一大堆计划,转眼你就会把它们遗忘。我制定的计划是看书和练字,在制定后就开始行动,先看书,后写字,中间也会放松一下。坚持了大概一个星期后,我发现我的字写得更好了,词汇量也增多了!这个方法实在太好了!

没有立即去做的计划等于没有计划。记住,不要想太多,写下来就马上做!

调节情绪

在这个过程中,情绪非常重要,我们一定要保持积极的状态。

积极的状态是什么样子的？积极的状态是乐观的、有正能量的、有希望的。积极可以让我们在提升自控力的时候更轻松、快乐。当然，在我们执行的过程中，难免会有一些负面的情绪影响我们的进度。在面对烦躁等负面情绪的时候，不妨尝试暂时放下手中的事务，我们可以和家人沟通或者听听歌、看看电影，等情绪平复后再继续。比如，我就会刷刷手机、出去走走，换一个环境，换一个心情。情绪的持续时间不会很久，当你出去走走的时候，情绪自然而然就会舒缓很多。

成为有自控力的人

很多成功人士都是出了名的自控高手，比如柳传志，他的自律、守时是相当出名的。

有一次，他到中国人民大学去演讲。为了不迟到，他特意早到半小时，在会场外，坐在车里等。开会前十分钟，从车里出来，到会场时一分不差。

像这种几十年如一日的自控力不是一下子就可以形成的，按照方法，将自控力变成一种习惯，习惯就变成了自然。

当你成为自律且有自控力的人时，你会发现，你自身的气质大大地提升。加油，成为一个更自律、更优秀的自己吧！

第四章

青春的旅途

陈止戈

出生年月：2001年1月

获得荣誉：

曼彻斯特大学毕业

拿到伦敦国王学院硕士录取通知书

获得国际金融精英计划国际证券和投资竞赛冠军团队奖

师长评价：

"合抱之木，生于毫末；九尺之台，起于累土；千里之行，始于足下。"这句话也许是对陈止戈最好的诠释。

陈止戈是一个不会满足于现状的人。对他来讲，需要改变的事情很多，未来的不确定性也很多。

成为一个让自己满意的人

俞敏洪说:"一个人真正优秀的特质来自内心想要变得更加优秀的强烈渴望,以及对生命追求的热情。"

"优秀"这两个字对于我来说,似乎一直非常遥远,但又环绕着我,这两个字一直是我追求的目标。正是这种强烈的渴望,使我一直不停地前进。我认为优秀是多方面的,有客观的标准和要求,但有时候我认为它是唯心的,是一种难以描述的感觉。

浑浑噩噩的时期

在学生时代的初期,我在内心给自己贴上了浑浑噩噩的标签,感觉自己是懵懂的、未开化的,完全不知道如何正常地开展学习和日常活动。

初中时的我,可以称为典型的"学酥",即玩也玩不好,学也学不好。与学习最好的那批同学相比,成绩惨不忍睹;但又偏偏想要

"自救",所以也远远不如另一批同学过得潇洒。我与众多同学一样,疲于应对各个学科的作业,周末穿梭于各个补习班,不停地催眠自己,只要自己学得够努力,就一定会有回报。然而,客观事实不以人的主观意志为转移,成绩并没有起色,原因就是我并没有真的努力学习,只是沉浸于一种"我很努力"的感觉当中,只想安于现状。出于对学习时间的珍惜,我不得不放弃坚持了六年的架子鼓,俨然一副痛心疾首的样子,心想为了成绩,不得不放弃爱好。但最终的结果显示,这样的放弃没有任何意义。

或许是命运的安排,或许是上天的眷顾,家长偶然知道了一所国际高中(光谷剑桥),他们决定要送我去上四年制的 A-level 体系课程。通过三个月的备考,我顺利考入了这所高中。这也是我蜕变的开始。在我的记忆里,那是我第一次被人赞许,被人夸优秀。

那四年,是我人生中的重要转折点。如果没有那四年的改变,按照初中时的轨迹走下去,或许我现在会是一个我完全不认识的人,也会与理想中的自己相差很大。

转折期

高中时期的男孩子满身热血,喜欢折腾,无论是在学习上,还是在参加活动上。自从进入高中,我仿佛找到了非常明确的目标——变得有钱。虽然现在看来有点好笑,因为这很难被称为目标,但是它确实是我当时学习的动力。

怎么变得富有呢？我做了这几个选择。

如果想要有钱,要先考上一个不错的大学,好好打磨自己,所以在选课的时候,我就毅然决然地投入了商科的怀抱。在前两年学习商务课的时候,我有着令人难以置信的激情,作业只会超额完成,上课永远坐在第一排,对学习投入到只用听一遍就能记住所有内容,知识点在书的哪个位置都了如指掌。我明白了为什么兴趣是最好的老师,因为无论学多久都不会觉得疲惫。尽管我对商务课投入了极大的热情和精力,但最终的 CIE 考试却并没有如我所愿地拿到高分,相反,分数是我两年以来的最低分。这给当时的我造成了极大的打击,这么努力,为什么结果不尽如人意？我陷入自我怀疑中,难道自己终归是"学渣"？

最终拯救我的是《道德经》,"天地不仁,以万物为刍狗"这句话让我重新有了前进的动力。上天不会故意刁难谁,也不会偏爱谁,所以这次的打击一定是为了拥有更好的未来。只要努力过了,结果一定会是最好的,所以我再次打起精神来,开始了新一轮的学习。

在接下来两年的学习过程中,虽然新冠肺炎疫情让每一个人都措手不及,但我在备考的过程中,把时间安排得满满当当,甚至比在学校里还要更严格。过程很艰辛,但最终的结果令人喜悦,我成功拿到了曼彻斯特大学会计与金融专业的无条件录取通知书。

活动

如果说初中的我可以用"木讷"来形容,那么高中的我或许就完全成了相反的人,从一开始的不善言辞、怯场,到后来的自信、积极参与。

导致我发生如此巨大改变的契机有两个:第一个是在高一的时候,班主任推荐我竞选学校圣诞晚会的主持人。面对这个极大的挑战,作为一个害羞、腼腆,还有点自卑的小胖子,我心里是非常胆怯的。不过我没有拒绝,认真练习,最终我顺利成为主持人。从那之后,一发不可收,在学校的八次大型活动中,我担任了五次主持人。另一个是我成功减重了20千克,从一个90多千克的微胖人士变成了一个身材标准的书生。过程无疑是痛苦的:当室友们愉快地享用炸鸡时,我要管住嘴;当朋友们惬意地躺在床上时,我必须迈开腿。当我最后上秤时,看到数字不足70千克,内心狂喜,瘦身后的少年气让我可以穿理想尺码的衣服,看起来青春阳光。

在有了一点自信之后,我开始积极参加各种各样的活动。在校内,我开始参与学生会的工作。进入学生会的第一年,我负责校内的清洁、校服检查。在第二年,我竞选学生会主席,并且成功当选。在任期间,我整理了学生会章程并明确规定了各部门的职责和各个活动的举办流程。本着"后其身而身先,外其身而身存"的想法，我参加了学校举办的同伴辅导（PEER TUTORING），由高年级的同学利用课外时间给低年级的同学补课，一起提分；在学校举办的麻城支教活动中，我在跨年演讲中分享了自己的支教感受。在校外，我还主持过公司的大型年会，也曾走进养老院，给老人们表演京剧片段。

进入大学

进入大学后，我变得沉静了很多，比起参加各种活动，我更注重学术课程的学习，思考如何把商科的知识运用到现实中。

大学给我的感受就是课时少了很多，但是难度比原来高出不少，这一点让我花了不少时间来适应大学生活。在大学期间，我参与的项目是研究公司是否值得投资，我侧重于运用会计的方法分析各个公司的区别。得益于大学的课程学习，我的论文得以顺利发表。在毕业时，我顺利拿到了本校与伦敦国王学院的无条件录取通知书。

总结

到目前为止，我仍然难以确定自己是否够得上"优秀"二字。

在生活中,似乎会有人觉得我很优秀,但我认识很多比我厉害得多的同龄人,所以很难确定到底什么样的人才能称得上优秀。这些经历让我明白,是否变得优秀并不重要,重要的是是否可以变成一个让自己满意的人。

罗凯元

出生年月：2011年12月

获得荣誉:

2022 年获得第 4 届中华少年说·夏令营季全国总展演金奖

2023 年获得第 5 届中华少年说·夏令营季全国总展演银奖

师长评价:

罗凯元同学是个很坚定、很有韧性的人,只要他认定的事情,他都会不折不扣地完成,没有一丝马虎。他情商高,是个"暖男",能随时照顾好自己和身边的人,贴心又温暖。

演讲让我看到了坚持的意义

大家有过上台演讲的经历吗？落落大方地上台，说出自己心里想表达的内容，这令你向往吗？如果你向往的话，可以听听我的心得。我学演讲已经三四年了，其间参加过大大小小的比赛。我有过很多次上台演讲的经历，从不敢和观众进行眼神交流到收放自如、互动灵活，进步很大。现在，我和大家分享一下我的成长经验。

在上台前，可能会出现紧张、害怕的心理。这是人类的正常心理活动，内心的表现欲会激发我们紧张的情绪，想要给观众留下一个好印象。

2023年暑假，我去北京参加了中华少年说的全国总决赛。我们乘飞机到了北京之后，坐出租车去酒店。在北京，来自全国各地的优秀少年向总冠军发起冲击。明明还有两天才比赛，但是没有主场优势的我，坐在出租车上就开始感觉心里惴惴不安。

我十分紧张地到了酒店，静静地坐在房间里，脑子里很乱，也不知道在想什么，就是呆呆地坐着，非常紧张，手心都冒出了汗。

第二天，只剩一天的时间就要上台了，我赶快拿起稿件复习。

还好我对稿件比较熟悉,没有什么磕磕绊绊。比赛当天,我先去参观了赛场。赛场十分大,还有一个大屏幕。

想想我下午就要在这里参加比赛,我不禁感到紧张,中午连饭都没有吃多少,就叫我的搭档和我一起来练习。我们练习了几遍,配合得不错,整体非常流畅,我妈妈在旁边鼓劲,说我们练习得无比精彩。

慢慢地到了下午举行比赛的时间,我们怀着非常忐忑的心情走入了赛场。在赛场里面,我们看见了熟悉的老师,这使我们的心情略微放松了一些。我们在台下做了最后一次练习,当主持人喊到我们的编号时,我顿时身躯一震。回过神来,我们迈着沉重的步伐走上了台。

站上台后,面对台下一群陌生人的凝视,我的大脑一片空白,心想他们可能会从各个方面考察我,这让我不自觉地提高警惕。但我马上调整状态,抬头仰望,做深呼吸,开始表演我们的节目。

顺利讲完了开头,到了中间的表演阶段,我们开始表演起来,就像说相声似的,评委坐在台下点着头,看样子应该十分满意。这使我们的信心倍增,十分自信、流畅地表演完了我们的节目。走下台之后,我们长出了一口气,悬在嗓子眼的心也总算放下来了。比赛完之后,我们回到了龙岩,等呀等,盼呀盼,终于看到了比赛成绩,我们竟然得到了B组第二名!这让我欣喜若狂,也感叹:"付出终将有回报!"

在我们的漫漫人生中,既有非常开心的事,也会遇到不顺心的事。比如,考试时的失利,比赛时没有拿到好的名次,这都会使我们的心情变得很糟糕,受到很重的打击,那我们该怎么调整好自己的心态呢?接下来,跟大家说一下我自己的经历。我上主持课期间,也参加过许多大大小小的比赛,并且都取得了比较好的名次。在两个多月前,我参加了福建举办的一个"花样少年"比赛,我的参赛节目是讲一本书《消失的微生物》。在比赛前的一个月,我非常努力地背诵自己的稿件,没有丝毫的松懈。由于我之前比赛取得的名次都比较不错,所以我觉得这次比赛我的成绩应该也不会差,但是,正在满心期待自己能拿一个金奖的时候,现实给了我沉重的打击。

那一天,我自信满满地到了赛场,我的妈妈把我带到了一个房间,我练习起我的稿件来,觉得还算得心应手。突然,我听到叫号声,正是我的编号,我不慌不忙地去了赛场,觉得金奖必定是我的,十分自信。我信心满满地上了舞台,开始表演起我的节目。在台上,我侃侃而谈,没有丝毫紧张。表演完后,我认为自己表演得十分出色,一定给评委留下了深刻的印象。金奖,我势在必得!

到了公布成绩的那一天,我满怀期待地打开了公布获奖名单的网页,可是万万没想到,我竟然才得了一个铜奖!这是我无法接受的!我对自己的能力产生了怀疑,我也担心别人知道我只得了一个铜奖后会笑话我。

那段时间,我感觉我的整个世界都是灰暗的,上课的时候也无精打采,对什么事情都提不起兴趣。我的老师看到我这样,就决定开导开导我,他把我叫到他的办公室里,告诉我,在《终身成长》这本书里有这样的观点:人普遍都有两种思维,一种是固定型思维,另一种是成长型思维。而这两种人又能细分为三类人:放弃者、扎营者、攀登者。

当放弃者遇到问题的时候,他们就会放弃自己,不去管这件事情,让它自己过去,所以放弃者普遍不会有什么大的成就,因为他们根本没有努力过,怎么可能会有大的成就呢?

而第二种人扎营者曾经或许努力过,但如果他们有了一定的地位、一定的成就,他们就会选择扎营下来,不再努力,没有了上进心。这种人可能会有一定的成就,但他们选择扎营下来,也就注定了他们的进步空间只能到他们选择扎营的地方为止。

而最后一种人攀登者往往都有很大的成就,比如说乔丹、球王贝利这些人,他们退役后,也为社会做出很大的贡献,他们就是典型的攀登者。他们没有把自己的进步空间局限在自己只是一个非常厉害的球员里面,永远都保持着一颗积极向上的心,不会因为遇到了什么困难就选择放弃,他们会认真地、仔细地解决问题,而且还会反思自己的错误,以免这个问题再次发生。这才是攀登者应该做的事情。

听了老师的这些话,我顿时感觉悟到了什么。是啊!人生路上怎么可能会没有困难呢？只要我们解决问题，反思自己，坎终究是可以迈过去的。那些一遇到困难就退缩逃避的人，注定一生都迈不过去坎，我的爸爸也说过这样一句话："没有最好，只有更好！"所以我下定决心，一定要成为一个攀登者，有无限的进步空间，不把自己局限在一个小小的范围里面，也不要因为失败就灰心丧气，要更坚强、更努力，这样才有可能成为更好的自己。

虽然现在我很喜欢上演讲课，但是以前我差点错过了它。

以前，虽然我觉得上演讲课非常开心，但是每次上演讲课都要背稿件，我感觉身心俱疲，慢慢地我就不想上演讲课了。

我的老师知道了我的心思之后，他对我说："这一次，我们认真地准备一次比赛。这次比赛结束之后，如果你真的不想上演讲课了的话，那我们不会再勉强你。"

我答应了他的这个要求。在那段时间里，我每天都坚持不懈地练习我的稿件，这比我在上演讲课时还要劳累，但我的老师鼓励我："不要放弃！"最后，我坚持了下来，把稿件练习到了炉火纯青的地步。

到了比赛那天，我走入赛场，走上了舞台，在台上侃侃而谈，吸引了众人的目光。我讲完后，现场响起了热烈的掌声，评委上台为我颁奖。我顿时醒悟了过来，原来这就是坚持的意义。这让我一瞬间想通了，虽然平时觉得非常累，但只要看到了结果，就会知道你做的这一切都是值得的！

涂皓开

出生年月：2008年1月

获得荣誉：

2022年参加学校"科普科创、双融双促助'双减'"活动，获优秀编委奖

2020—2022年担任校学生会副主席

2020—2022年担任校合唱团团长

2021年获得北京第24届学生艺术节暨2021年海淀区学生艺术节合唱展演金奖

2021年获得学校"创绿色学校"征文比赛三等奖

2020年获得区级三好学生称号

2020年获得冰心作文大赛二等奖

2020年获得校级蓬勃少年奖

2018年获得中国国际标准舞总会拉丁舞比赛个人三等奖、团体第三名

师长评价：

勤奋、执着是你的标签，开朗、乐观是你的本色。

你是冬日的暖阳，温暖身边的每一个人；

你是夏季的海风，给班集体带来清新的空气。

愿你不忘初心，继续攀登知识的高峰；

愿你行而不辍，永远绽放青春的光彩！

逆光成长——如果遇到无法企及的光,就做自己的太阳

致成长

在阳光明媚的午后,我坐在安静的书桌前,在脑海中摊开一本厚厚的《逆光成长》,书页间散落着我过去的点点滴滴,每一个字都是我十五岁的回忆。我想,这就是我的成长吧。

谁的青春不迷茫?

上小学时,我成绩优秀,是老师眼中的得意门生。那时,时间仿佛是无尽的长河,我在其中无忧无虑,顺流而下。随着初中的大门打开,科目增多,学业压力增大,我被推入了一个全新的世界。同时,因新冠肺炎疫情上网课,网络的诱惑让热爱声乐的我沉迷于追星,于是从初一起,我的成绩开始下滑。

我在学业和网络的旋涡中挣扎,考试成绩几度让我感到羞愧

与自责，也让妈妈夜不能寐。我们一家三口综合思考与沟通后，在初二下学期，我转入一所私立住宿制学校。那是我生命中的一次重大转折，也让浮躁的我开始认真地审视自己。

新学校很漂亮，有动物园和游泳馆，但在校期间禁用电子设备，我开始有足够的时间去思考。我知道，只有我能决定我的未来，也只有我能决定我是否愿意为了梦想而付出努力。

在一个清晨，我突然顿悟了。前夜，我睡得很不踏实，醒了几次，正试图把脑海中的一切不安都驱散之时，忽然发现眼前的世界似乎亮了一些，原来是天亮了。我从床上爬起来，趴在窗边。宿舍的窗户太小，不像海边、山顶那样视野开阔，只看得到太阳的一个小角，我忽然觉得太阳离我是那么遥远，脑海中突然闪过一句话："如果遇到无法企及的光，就做自己的太阳。"这句话，成了我的新座右铭。

我需要改变，我需要为自己的未来努力奋斗。我开始了我的蜕变，我让自己沉下心来，认真听课，高效利用晚自习，用各种碎片时间背诵。我告诉自己，我要用我的努力去弥补过去，我要用我的成绩去证明自己。

我开始主动向老师、同学寻求帮助，他们无私地给予我支持和鼓励。每当我在学业上遇到困难时，他们都会伸出援手，帮我渡过难关。

入学一学期后，我参加学校二四制选拔考试，意外地取得了海淀校区第一名。进入二四年级，在一年内要学习完初三与高一的课程。我继续努力,竟幸运地考了二四年级中考第一名,顺利直升高中部重点班。再过一星期,这个暑假就结束了,我即将进入高二,我很期待为梦想而战。

我看到的是我十五岁的影子,经历了挫折、痛苦、挣扎、努力。那是我自己的故事,那是我自己的成长。

我想,这就是成长的痛与美吧。我感谢那些挫折,让我明白了生活的艰辛;我感谢那些困难,让我明白了友情的珍贵;我感谢那些努力,让我明白了成功的喜悦。

十五岁的我,在逆光中成长,每一次挫折都让我更加坚强。我相信,未来的我,会在阳光下更加灿烂。

致感恩

在我成长的道路上,总有许多迷茫和困扰。有两位不可或缺的人物,他们给予我无尽的支持和鼓励,指引我走向正确的道路,我深深地感谢他们——我的爸爸妈妈。

当我反复立志而途中迷茫,为学习成绩而羞愧时,妈妈说:"**既往不咎,继往开来**。放下包袱,才能轻装上阵。总结原因后,就不要再为自己曾经的错误付出过多的情绪代价。既往不咎是豁达、是勇敢,继往开来、重新开始是自信,相信自己资质不差,只是学习方法需要调整。你名字里的开字,就有重新开始之意。"这些话语如同雨后初霁的阳光,驱散了我心中的阴霾,让我重新振作起来。

当我开始质疑自己的学习能力、自律力时,妈妈说:"'**爱自己,是终生浪漫的开始**'。这是英国作家王尔德的箴言。希望你知道,每个人都不完美,但每个人都独一无二。你有那么多闪光点和优秀的品质,你正直善良、积极勇敢,多次受挫也不放弃。任何时候,你都一定要记住,你不完美,但你是爸爸妈妈最爱的、最棒的宝贝,所以从今天起,你要开始接纳自己的一切,开始爱自己,自信的人才有能力去爱别人。"这些话犹如一剂强心针,让我重新找回了自信和勇气。

当我因转学,不适应新环境、思念原先的小伙伴,感到情绪低落时,爸爸说:"**优秀的人,身边的人也优秀。真正的朋友不受时空限制**。转学是让你在新环境中用自己的努力,重新定位自己,重新认识自己,从不自信的泥沼中走出来。当你与伙伴都有成长与进步时,分享不同时空的努力与趣事,带给彼此更多不同的视角,不也是一种成长吗?"这些话语让我逐渐从低落的情绪中走出来,开始适应新环境。

当我担心父亲因经常出差,会无法辅导我学习时,爸爸说:"**你的需要是我的荣幸,在哪儿都不会影响**!你随时把需要讨论的习题拍照发我,能直接讲明白的,我们就通话解决;无法直接讲明的,我写个步骤,拍照发给你,然后我们再通话。感谢你信任我,也希望我们共同解出的每一道题所涉及的知识点都能被你牢牢掌握,一起加油!"这些话让我感到无比的温暖与安心。

当我说不喜欢被严格的学习计划束缚、不喜欢中规中矩的生活环境时,妈妈说:"**自律通往自由,整洁就是高效**。"

当我说需要监督、一个人容易跑偏时,妈妈说:"**自我管理是最高级的管理,自我目标、自我标准才是最终高度**。"

当我的计划执行出现问题,玩与学都不能全情投入时,爸爸说:"**玩就玩得痛快,学就学得专注,才能在同等的时间内获得最大成效**。"

当我觉得已来不及追赶成绩优异的同学时,爸爸说:"**你只管尽全力低头赶路,星光不负赶路人**。"

当我遇到问题时,他们指引我前行。我静心回顾他们的言与行,心中充满感恩。我从没有亲口对他们说过感谢,但心底因有他们而温暖、踏实。我们还一起去旅行、一起吃美食、一起看电影、一起唱歌……,这些经历与画面,想来都是幸福与温暖。谢谢你们的陪伴,尊重我的个性,无条件地支持和信任我。你们陪我长大,我愿努力成长为一个有力量的人,陪你们变老。我想象着未来的画面,很温暖,我很期待一起走向未来。

这是我十五岁的感悟,我深吸一口气,感受着空气中弥漫的淡淡墨香,仿佛体会到了李白"却顾所来径,苍苍横翠微"的心境。我知道,只有经历过挫折和困苦,我才能更加珍惜现在的幸福和美好。我会带着这些记忆和经验,继续前行,迎接未来的挑战。我想,无论未来有多少困难,我都会勇敢面对。

王芷瑜

出生年月：2012年1月

获得荣誉：

2020年获得第25届全国中小学生绘画书法作品比赛（绘画类）全国二等奖

2023年获得"大英图书馆·环游地球80天"第2届国际少儿艺术大赏入选荣誉证书

2023年获得"多彩番禺"青少年儿童文创产品设计大赛（番禺区）三等奖

2023年获得第5届"致敬英雄"全国青少年文化艺术创作主题教育竞赛"描绘我心中的英雄"书法绘画大赛（广东省）三等奖

师长评价：

你是个聪明可爱、讲文明、懂礼貌的好孩子。你能书善画，每逢学校要交绘画作品时，你简直就是班里的顶梁柱，非你出马不可。你上课专心听讲，善于思考，还能说会道，积极举手发言，回答问题的正确率挺高。你能按时完成作业，无论是抄写作业，还是背书作业，都完成得很不错。要好好地表扬你！你关心班集体，值日负责，能帮助同学，主动为班集体做好事。老师希望你能成为一个坚强、自信、出色的人。

旅行的发现

人生就像是一场旅行,有开心、生气、悲伤……,人们在旅行中品味人生,也在人生中体会旅行。

虽然我年纪不大,但仔细回忆起来,我也有过几次旅行的经历,但不是每一次旅行都能给我留下深刻的印象。十一岁那年暑假的旅行,我去了广西阳朔,旅行了五天四夜,我一次性地体会到了开心、生气、悲伤的情绪。

生气的蚂蚁

这是我第一次在旅行中感到生气。在这五天四夜中,我们曾去了一个营地玩,那里很晒,我决定去买一根雪糕,缓解一下炎热所带来的烦躁情绪。让我没想到的是,那根雪糕的价格比我以往买的任何一根雪糕都要贵,竟然要 18 元,这让我感到惊讶,但想了想,我太热了,也不管多少钱了,直接就买了。那根雪糕贵也就算了,味道还不好。盒子里的雪糕融化得很快,我不知道是天气的原因,还是雪糕本身的原因,总之,如果我不快点儿吃掉,就只能喝掉了。最让我不能忍受的是雪糕竟然还有一股橡胶味。最后,我虽然觉得心疼,又很热,但还是没有吃完,就把它扔掉了。那一刻,我已经开始有些不耐烦了。

随后,我环顾四周,觉得营地里很无聊,就想自己随便逛逛。我发现不远处有一个小山坡,倒也不高,离得也不远,目测大家可以找到我,应该没有什么风险。我爬上了小山坡,随手拔了一根很长很长的狗尾巴草,我拿着那根狗尾巴草,无聊地甩来甩去。忽然,我发现有个蚂蚁窝,我第一次萌生了去戳蚂蚁窝的想法,于是我开始无聊地戳着蚂蚁窝,它很快被我戳烂了,但我的无聊感并没有消失。正当我发呆、不知道下一步应该做些什么的时候,我猛然发现蚂蚁们爬上了我的脚,像看到食物一样在咬我。"啊!"我大叫一声,原来这是蚂蚁来报仇了,我心里想。我不停地抖脚,想把蚂蚁从我的脚上抖下去。看到密密麻麻的蚂蚁,我有些生气,但我更生气的是自己的行为。

这一次的经历让我感受到,捅蚂蚁窝对我来说是消遣,但是我影响了蚂蚁的生活,我以后再也不会捅蚂蚁窝了。如果我自己是只蚂蚁,别人把我的家捅了,我会很生气,生气到咬他一口。

美味的烤肉

晚上,我们吃烤肉。我在旁边看着其他人烤,几乎没参与,但中途我发现,烤肉的油都溅到我身上了,心里抱怨:也不知道调整一下方向。后来,我才意识到,我没有付出任何劳动,就吃到了烤肉,不应该责备别人,自己的想法应该有所调整。我开始品味美食,一口咬下去,烤肉很好吃,不硬,刚刚好,再蘸点酱,用青菜包住,无比美味。

好玩的探洞

第四天,我们去了月亮水岩探洞。在去之前,我充满了好奇,听说那里是唯一一条以自然未开发的石灰岩溶洞探索为主题的研学路线,还有地下河和很多很多的蝙蝠。一开始,我带着好奇心去探洞,感觉真的还不错,确实有一些我之前没有看到过的景色,但直到遇到了一条又长又深的地下河,就没有前面那么有趣了,甚至还有一些危险。那条地下河很深,我走下去,水都到我大腿了。我每走一步都担心会不会更深,还好情况没有我想象的那么糟糕。当我们过了这条河之后,就到了一条"走廊"里。那里很窄,一不小心就会撞到头，只有11岁的我，要蹲下去，才能顺利通过。如果是个成年人，要蹲得很低才能过去。先是没过大腿的河水，再是抬头就会碰到的岩石，此时此刻，除了好奇接下来是什么之外，恐惧的情绪也随之而来。

再往前走，我发现道路旁边的泥土细细滑滑的，没有任何杂质。如果踩上去，很容易滑倒，所以我们尽量走前面的人踩过的地方，紧跟队伍，避免滑倒受伤。

这时候，有人说："洞口有一股清泉，从约二十多米的高处飞泻直下，形成一条大瀑布。瀑布很长，如同水帘洞一般，那里可以游泳，也可以玩跳水、抢渡绳索桥、水上漂等水上游戏。"

当我们听到很大的水声的时候，我们以为自己到了洞口，所有人开始欢呼，但事实上，还要走一千米才到洞口。这时，我们都叹了一口气，"唉，怎么还没到啊！下次再也不来了，哼！"在接下来的路上，我听到了很多抱怨，我自己也在抱怨。我不知道是他们影响了我，还是我自己内心本来就有很多怨气。不仅仅是因为还没有到洞口，更是因为我很怕虫子，而那条路上有很多虫子，我全程可以说都是踮着脚走的。

终于到了洞口，我们随即来到了山下，所有人都立刻洗手、洗脚、换衣服，大家想快速洗掉身上走洞穴所粘上的泥土。当我们都收拾好之后，我们就去吃午饭了，印象中不仅有酸菜鱼，还有好吃的东坡肉。这顿饭是奖励我们走完了洞穴，奖励我们不惧艰险。

通过这次探洞,我知道了遇到困难不能退缩,再走一走就能看到终点,再坚持一下就会胜利。

有趣的写生

最后一天,我们还去了漓江和西街写生。在西街写生的时候,我先画了一幅烧烤店的画。画完后,我和我的好朋友去逛西街,路上遇到了一家卖雪糕的店铺。我又去买了个雪糕吃,那个雪糕要10元,比之前那个18元的雪糕好吃多了,而且上面印着阳朔山水,很好看。然后,我们遇到了一家手打柠檬茶的店,里面有两只羊驼,一只黑的,一只白的。吃好喝好后,我们又回到了写生的地方。这一次,我们坐在岸上画速写,画着画着,我就听到有人在竹筏上唱《海阔天空》,堪比原唱,那是一个歌队。在那里写生的时候,我遇到了老翁赶鸭子,一只只的鸭子在我面前游过,有黑的、白的、黄的,它们一起游泳,一起玩耍,一起捉鱼,看起来很开心。这是我第一次在旅行中感受到惬意。我想只有画一般的风景,才会让人宁静,那些烦躁、生气的情绪在此刻不复存在。

最后,我们还去了后院美术馆参观。那里有很多油画,都很好看,我情不自禁地给它们拍了照。那些油画都是画阳朔山水的,不仅很好看,还包含很多典故,让我更加了解这个地方。

这次阳朔之旅,不仅仅是一次简单的旅行,让我体会到了当地的风土人情,更重要的是让我在一段旅行中体会到了生气、开心、好奇、期待、抱怨等情绪,这是我这次旅行中最值得回味的地方。

都说旅行是人生的缩影,希望你的下一次旅行也能跟我一样,感受到旅行不同的色彩。

杨益茗

出生年月：2011年7月

获得荣誉：

2022年获得"华数之星"研学(广东营)华杯二等奖

2022年获得希望数学国际精英挑战赛五年级团队一等奖

2022年获得第18届冰心文学小作家广东省竞赛一等奖

2022年获得第18届"为学杯"中小学生创新作文大赛(小学组)全国二等奖

2020年获得全国青少年造型艺术作品大赛(广东省)一等奖

2021年获得广州市第15届学校合唱节校际合唱小学童声组一等奖

2021年获得越秀区中小学三棋锦标赛围棋团体第二名

2022年获得第85届施坦威国际青少年钢琴比赛(广州赛区)二等奖

2022年获得第16届新加坡中新国际音乐比赛(钢琴)二等奖

师长评价：

乖巧懂事的益茗有端正的品行，有善良的心灵，有自觉的学习习惯，有很强的自理能力。你充满了阳光般的朝气与热情，集体荣誉感极强。你的欢笑像一支歌，你的热情像一团火。老师很想感谢你，总是默默无闻地为班级做着贡献，希望你的生活能够永远无忧无虑。本学年，老师看到你为梦想拼搏的热情和付出的努力，特别欣慰。希望你能在今后的学习中不断丰富、充实自己，脚踏实地，认真学习，掌握过硬的本领，去面对明天的挑战。相信只要肯下功夫，坚持下去，你一定会有更大的收获。

窗外有风景，彼岸尚有荣光在

我生来就是高山而非溪流，我欲于群峰之巅俯视平庸的沟壑。我生来就是人杰而非草芥，我站在伟人之肩蔑视卑微的懦夫。

——华坪女子高中

我一直很害怕打针，一走进医院就哭。看着那细小又尖锐的针头扎进肉里，我害怕得要命，对针头的恐惧感一直伴随着我。

记得有一次，我不小心从坡上滚了下来，下颚磕出了血，我第一次感受到无比的痛。我无助地寻找能帮我的人，可是没有人看到我，因为疼痛，我也很难发出声音，终于，我的老师注意到了我，那一刻，她身上仿佛带着光，我觉得自己得救了。随后，她把我带进教室，我本以为同学们都会给我投来关心的眼光，但是他们却用异样的眼神看着我，甚至还有一丝怪异。那一刻，几乎所有人都选择了沉默，没有人关心我。我的眼泪止不住地往下流，疼痛没有让我流泪，大家的沉默却使我伤心。接着，老师叫同学带我去医务室，那一刻我突然感到好害怕，我意识到受伤需要打针，于是我有了强烈的恐惧感。

"去吧,受伤了需要治疗。医务室那些人又不是老虎,不会吃了你的!"老师对我说。接着,有些男生开始起哄:"不要浪费时间啊!""居然有人不敢去医务室!"我站在原地不动,我不是不想接受治疗,可那一刻没有任何人站在我的角度思考,我为什么会害怕和紧张?医务室和打针会给我带来什么样的痛苦?

"我可以忍受疼痛。"这是我跟老师和同学们说的话。可是因为我的声音很微弱,没有任何人听到我的话。由于我坚决不动,坚决不去医务室,老师和同学们都决定不再理我,把受伤的我晾在一边。

偶尔回想起这段经历,同学们的异样眼光、老师的冷淡言语,让我第一次感受到了周围人的冷漠。虽然现在我知道他们没有任何恶意,但是他们的沉默、他们的随口说说,让当时受伤的我感到好无助。有时候,人生就是这样的,虽然我知道眼前这条路是正确的,但我因为害怕而不敢走,路边的旁观者或者走到尽头的人都看向我,甚至嘲讽我,我站在原地,体会到了人世间的冷意。我一直处于迷茫中,惧怕阳光。我不敢相信任何人,不懂得如何与别人交友,也不清楚我该如何走下去。

不仅如此,我还陷入了深深的自我怀疑。我觉得别人都好厉害,他们有很多我没有的东西,于是,我逐渐羡慕起了别人。我会在学校里看着别人成群结队地一起玩,会在互联网上看着一个又一个比我要快乐的人。反观我自己,妈妈对我的学业十分看重,给我报补习班，督促我写作业，这一切没有让我体会到学习的乐趣，还让我觉得窒息。以上种种都让我觉得别人是天选之子，而我永远只配在百米深渊里抬头望着天，快乐、幸福与我无缘。

我不知道我是如何熬过来的。

也不知道从什么时候开始，我渐渐看到了自己好的一面。我会偶尔出去旅游几次，而我在旅游时，看到那些表面上很轻松的同学，在旅游的时候也在认真学习，他们原来也有努力的时候，也有快崩溃的时候，只是掩藏得很深。原来人都一样，只是我以前没有看到。

从那一刻开始，我发现没有人可以随随便便成功，原来大家都一样。从此，我经常看书，当发现了一本有意思的书时，我会看得很快，而且对里面的内容记得很清楚。我开始后悔以前给自己乱贴标签。我以前认为自己天生不会阅读，一想到阅读就很烦，导致我无法很好地阅读完一本书。现在看来，当初我错得多么离谱。我不仅仅可以看书，而且可以从书中获得很多知识和力量。通过这些知识和力量，我重新找回了自己。

如果你迷茫、不知所措、快要放弃自己，请你静一静，打开一本书吧，也许书里就有你想要的答案。实在不行的话，也可以看看电视，沉浸其中。总之，当你沉浸在一种意境里时，所有的烦恼都会烟消云散。

就像我在《飞鸟集》中看到的："让我设想，在群星之中，有一颗星是指导着我的生命通过不可知的黑暗的。"这些文字带给我的不仅是回忆、想象、思考,还有期待和希望。

  我们要以最美的姿态去迎接未来。每个人都会遇到困难,别怕,你要相信你自己,相信自己会变得更好!让我们一起奔跑在青春的路上,彼岸尚有荣光在!

第五章

人生的美好

史雨绮

出生年月：2015年5月

获得荣誉：

在陕西自然博物馆恐龙馆奇妙夜活动中表现优异,获得课外实践"古生物探索家"称号

参加中国大熊猫保护研究中心的大熊猫爱心体验饲养学习达8小时,获得中国大熊猫保护研究中心颁发的荣誉证书

获得中国跆拳道协会八级证书

师长评价：

雨绮是一个充满探知欲和想象力的宝宝,希望她永远保持对世界的热情和探求的渴望！

夏天的故事

我叫史雨绮,小名夏天,是一个很勇敢、阳光、率真、有趣的女生。

同龄女生喜欢跳舞、布偶等,我喜欢跆拳道和武术,而且我的武术水平还不错,让自己变得更强大一些,就不容易被别人欺负,也能保护我的朋友。

我喜欢大自然,很喜欢旅行,祖国的西南和西北是我特别向往的地方!这不,在小学二年级暑假,我就独立完成了一次挑战之旅。

在这个暑假,我第一次独自乘飞机去西安姥姥家,这是我第一次不用爸爸妈妈陪,自己坐飞机去那么远的地方。那时,我只有八岁。

其实在出门前,我心里在打退堂鼓,因为我从来没有一个人坐过飞机。没有爸爸妈妈在身边,出那么远的门,心里还是很害怕的,要知道从深圳飞到西安差不多要3个小时呢!我问妈妈为什么选择飞机?她说安全,而且飞机上的人比火车上的人少一点,还有空乘阿姨照顾我。和妈妈聊完后,我觉得她说的话很有道理,就没那么紧张了。

出发前一天,我在随身背的包里放了身份证、电话手表、水壶、零食、绘画本、铅笔盒和故事书《夏洛的网》。我还偷偷带了我的奖学金,计划买点特产回来,是不是考虑得很周全?我还有一个非常重要的玩偶,取名为"丢丢",因为我总是找不到它。这次独自出远门,我决定带上它一起出发,我把它放到了托运的大行李中,毕竟独自坐飞机,我担心自己又一次把它弄丢了,那可就永远找不回来了。

第二天,妈妈一早送我到机场。她先去柜台,帮我办理行李托运,然后去机场前台取了一件印了"无人携带儿童"字样的马甲让我穿上,可以让工作人员知晓我是一个独自坐飞机的小孩。事后,很多人问起我当时心里的想法,说实话,那时候,我心里有点紧张,又有点雀跃,已经听不进去妈妈的叮嘱了,想赶紧自己试一试。而且在等候区,我看到了比我大和比我小的孩子,他们也都穿着"无人携带小孩"的马甲,我估计他们也会害怕吧,估计都是第一次自己独自坐飞机。在等候区等了几分钟之后,有工作人员带我去了安检口。过了安检,旅程就正式开始啦!和妈妈说了再见之后,我就兴奋地跟着工作人员进去了!他走得很快,带了我和另外一个小男孩,我去西安,那个小男孩去成都。保安叔叔开着电动车,直接送我到登机口。到了登机口,我就被交给一位漂亮的检票员阿姨。因为她还要检票，我就自己在旁边玩。我本来想问阿姨"你为什么会选这个工作？有没有小宠物？"之类的问题，但是看她忙着检票，没空和我说话，我就一个人玩，有种孤零零又自由的感觉。

等其他乘客都登机之后，穿着"无人携带儿童"马甲的孩子也开始登机了，我坐在了靠窗户的地方，刚好可以看到飞机的翅膀和翅膀下面的发动机，就像大风扇一样。我可以看到，在起飞过程中，飞机翅膀上的一个边边翘起来了，真神奇呀！

起飞之后，我看着窗外，天空的颜色变得越来越深，然后我就睡着了，我梦到飞机掉到了海里，一个鲨鱼在追我，要吃掉我，我就醒了。这一路上有点无聊，我看了半本《夏洛的网》。空乘阿姨给我送来了午餐，真不好吃，我选了苹果汁和可乐，连喝了两大杯。空乘阿姨还说有事情就和她说，其实我一路上都没有什么事情，我连厕所都没去。

广播里说飞机快落地了，我很开心，很快就要见到姥姥、姥爷了。下飞机的时候，空乘阿姨和机长一起送我。机长太帅了，像明星一样，感觉有 3 个我那么高。他对我说："谢谢你乘坐我们的航班，我们要送你一个小礼物。"礼物是深圳航空的活动手册，有涂色、拼图和知识问答，都是关于飞机主题的，我非常喜欢。空乘阿姨带我下飞机之后，把我交给了另外一个阿姨，让她带我去找姥姥、姥爷。

这个美美瘦瘦的阿姨热情地问我："你喜欢吃辣子吗？你喜欢

吃香菜吗?"我感觉她想了解一下我,但是辣子和香菜我都不喜欢吃。我们很快拿到了托运行李,到了出口,人山人海,我听到了姥姥的呼唤:"夏天,我在这!"我开心极了,兴奋地跑过去,一把抱住姥姥、姥爷,感觉非常幸福。姥爷一把就把我抱起来了,夸我太厉害了,以后都可以自己回来了,还给我准备了最爱吃的大桃子。哇,终于到家了!我觉得自己非常勇敢,你觉得呢?

在西安,我见到了最想念的表姐和表妹,她们的个子又长高了。我们一起去姥姥家楼下操场边上的田地里玩,地里面长满了各种各样的蔬菜,有清新的薄荷、高高的韭菜、长长的南瓜、红红的辣椒,自己种的蔬菜别提有多好吃了。

过了一周,妈妈也来到了姥姥、姥爷家,我好开心。我们一起去宁夏旅行,去了沙湖、沙坡头、西夏博物馆、贺兰山世界岩画博物馆等好多景点,我最喜欢的景点是沙坡头和贺兰山世界岩画博物馆。

沙坡头在中卫市,一半是腾格里沙漠,一半是黄河。我第一次看到沙漠,像用沙子做的大海,一望无垠,非常震撼。我在沙漠里发现了一些小虫子,像甲虫一样,它们在沙漠里刨洞。我摸了摸一只虫子,它不咬人,还爬到了我的手上。我还发现了一只小蜥蜴,它跑得可真快,我追了一会,它就不见了。

我们坐快艇来到了黄河对岸,玩了黄河吊索,飞跃黄河,太好玩、太刺激了。

我们又去骑了骆驼,坐了沙漠冲浪车。路上有十个大坡道,每个坡都有名字,比如"一帆风顺""八仙过海""马到成功"等等。当我们从最高的沙坡滑下来的时候,因为这个坡特别高、特别陡,大家都尖叫起来,我觉得好玩极了,忍不住又滑了一遍。

在去贺兰山世界岩画博物馆的路上,我看到了岩羊。它们都是灰色的,和周围的岩石是一个颜色,在岩石上跳来跳去,像一个个小精灵。博物馆建在了很高的山坡上,我第一次看到那么多奇怪的岩画,它们都是古人刻在石头上的作品,有太阳神、河流、牛羊,还有人们打猎、捕鱼的场景,我想这就是古人写的书吧。

我们还坐游艇去了沙湖,这个湖的形状像两条龙和一条鲤鱼,所以我觉得应该叫它"鲤鱼跳龙门"。湖里有很多美丽的白天鹅、黑天鹅和小鸭子,还有荷花,有白色的、粉色的,还有没开的小花苞、碧绿的荷叶。天空非常的蓝,形成了一幅美丽的画,我脑子里突然冒出了两句古诗:"小荷才露尖尖角,早有蜻蜓立上头。"好神奇呀,诗怎么会自己冒出来?

接着,我们去了萌宠乐园。没想到,这里有这么多可爱的小动物,有环尾狐猴、鸵鸟、羊驼、小松鼠、小仓鼠、蜥蜴、小猪……我最喜欢的就是环尾狐猴,它们好调皮,最喜欢吃香蕉,和小娃娃一样扒着我的衣服要我喂,太好玩了。

我们还坐马车游览了西部影城,我在那里看到了好多电影、电视剧中的场景,其中我最喜欢的《西游记》就是在这里取景的。在土城墙上，还立着《大话西游》中孙悟空和紫霞仙子的人形立牌。

在西夏博物馆，我们看到了很多古人用的东西。他们可真奇怪，陵墓是一个一个大土包，有的像馒头，有的像圆锥，有的像长条。

我们去看了最大的陵墓，好高呀，有五六层楼那么高。妈妈说睡在那里的是西夏王朝的第一位皇帝李元昊。我们还去看了4D电影《探索西夏王朝》。

除了美丽的景色外，我还尝了很多美食，我最喜欢的是一种很奇特的食物——馕。它是我在夜市发现的，非常好吃，而且它不像其他食物，放几天就坏了，馕过了好几天还是脆脆的。

现在回想起来去西安和宁夏的旅行，依然觉得好玩、有趣。同样是城市，我更喜欢西安的城墙和西北的风，向往"大漠孤烟直，长河落日圆"里面的豪情和率真。

我把这段经历讲给身边的哥哥姐姐和老师听的时候，他们也很吃惊，赞许我的勇气和率真。是的，在我的眼中，这两个品质对于女生来说，是非常宝贵的！

唐佳蓝

出生年月：2010年6月

获得荣誉：

初一获得三好学生称号

获得钢琴五级证书

师长评价：

佳蓝，文静的你是个懂礼貌、明事理的孩子，虽然言语不多，但你尊敬师长，关心集体。你对班级的值日等工作认真负责，在课堂上，你认真专注；课后，你认真地完成作业。老师希望你遇到问题时，及时请教同学、老师，并注意养成良好的学习习惯和掌握科学的学习方法，老师希望能看到你在学习成绩上有所突破！

火灾过后，友情让我振作起来

日本有一部影视作品叫《未闻花名》，编剧是冈田麿里。故事里的女主角面码有一群儿时的玩伴，仁太就是其中之一。面码死于一场意外，化成鬼魂，找到仁太。只有仁太能看见面码，面码说自己有个愿望要实现，但又想不起来愿望是什么，只是说需要儿时的伙伴来帮忙实现。但自从面码死后，伙伴们都渐渐不再来往。仁太为了实现面码的愿望，决定努力说服每个伙伴。可是仁太以为实现了面码的愿望时，面码的鬼魂却还没消失。后来，仁太发现是因为伙伴们都有私心，没有真心想实现面码的愿望，直到伙伴们都承认了自己的错误，并且每一个人都见到了面码的灵魂，和她说了再见，面码的鬼魂才消失了。

虽然这是一部与鬼魂有关的灵异类影视作品，但很多人都能在其中看到自己的影子。在看完这部作品后，我认为我和面码有相似之处，都有困难需要解决，朋友们总是在苦难的时候帮助我。我很感激我的朋友，她对我有很重要的意义。

2022年3月20日，我家发生了一场火灾。那时，我和家人一起吃晚饭,哥哥发现有个房间着火了,因为家里没有灭火器,所以只能跑下楼叫消防车。后来火灭了,原因可能是因为房间里的充电器没拔,导致起火。在这里,提醒大家千万不要充着电玩手机或用完不拔掉插头,否则可能引起火灾。

　　第二天,我回到学校,同学们并没有关心我的安危,而是问:火大不大?课本有没有烧烂?是不是不用做作业了?家是不是没了?我很失望,觉得所有人都忽略了我的感受,我不想回答他们那些无趣的问题,经历过灾难的我依然在恐惧中无法自拔,此时的我急需安慰,但没有人关心我。正在我悲伤时,我一个朋友跑过来问我:有没有受伤?有没有需要她帮忙的地方?我很惊讶,只有她一个人问我这个,她很关心我,一直在追问我有没有事。我感谢完她之后,坐回了自己的座位,但实际上,上课时我心不在焉的,没有心情去听课。我一转头,发现我的朋友在看着我,我有点尴尬,后来她示意我认真听课,我才转过头听老师讲课。下课后,她走到我座位旁,问我心情有没有好一点,然后她带我到教室外的走廊散步,聊聊天。我与她聊得很开心,她和我整个课间都在聊天,虽然只有短短的10分钟,但我的心情好了很多。

　　因为家里着火,所以我们住在了外婆家。那天,她来到我外婆家,我并不知道她要来,所以我当时见到她,非常惊讶。她带着一袋礼物,我拒绝收礼物,她还是要硬塞给我,最后,我收了她的这份心意。她不仅给我小礼物,还和我聊天,和我一起玩游戏,我们度过了一个愉快的下午。我很开心她愿意陪我,我想她是真的关心我，我能从她的行为中感受到她内心的温暖。

她友善的做法、乐于助人的品格，和其他同学的看热闹、漠不关心形成了强烈的对比。其他同学不光在学校问那些无聊的问题，并且还在微信上问我，有的说："我当时看到你家那个烟了，真的是你家呀，真够厉害的。"那是我第一次感受到人与人之间的真诚与冷漠。

也因为这件事情，我们的关系越来越好，我们经常一起出去玩，一起去看电影。在学校时，只要下课，就走到一起去玩。当有人跟我说一些冒犯的话时，她就会挡在我前面，告诫对方不要乱说。虽然火灾这件事过去了很久，但同学们还在说，每次老师上课说到关于火灾的内容时，同学们就会不自觉地看向我。我不喜欢这样，我认为他们看我的那一瞬间是非常没有礼貌的，令人讨厌。这件事已经过去了，我想过普通人的生活、正常的生活。

每当我感受到这些不怀好意的眼光时，她都会和我说不要把这件事放在心上，并且她还会逗我笑，用幽默的方式安慰我，帮助我走出不良情绪。

有一次，她和我出去逛街，遇到了一个同班同学，是一个男生，他看到我之后，立刻就想到了我家里发生过火灾，他就开始说："着火的时候好玩吗？是不是很刺激，我也想试一下。"他还接着问我："周末的作业写了没有？没有写也没关系，毕竟你家里都发生火灾了，老师肯定不会让你为难的。"这些话比火灾还让我反感，我刚要开口，我朋友说："火是很危险的，你想试一下的话，就拿个打火机试试?"我心里暗暗一笑,有这个朋友真好。那个男同学羞愧地走了,看着他的背影,真是好笑。

如今我家已经装修好了,入住有一小段时间了。尽管已经毕业了,但我还会不时邀请她来我家玩,我们的友谊和以前相比没什么变化,一到周末有时间的话,我就会约她出来。虽然在一起的时间不多,但我们还是会像以前那样,一起聊聊天、玩玩游戏,或者一起在图书馆写作业,讨论学习,不会的地方互相帮助。

现在回过头来想一想,第一次经历这种灾难的我,完全不知道如何处理这件事情。家里的事情都由爸爸妈妈处理好,而我的糟糕情绪是我朋友帮我消除的,我在当时始终没有处理好的就是与其他不断叨扰我的正常生活的同学的关系。

现在想想,是恐惧和不知所措的情绪干扰了我,我不知道要如何处理这样的情况。这件事情过去了这么久,如果现在让我来回答同学们的那些问题,我会告诉他们:"火灾不好玩,并且很危险。只要还活着,就要写作业,因为我是学生。"我想当我能真正理性地回答这些无聊问题的时候,就证明我放下了内心的恐惧,真正地成长了。

我希望所有人都能珍惜生命,火灾这样的事情不值得好奇,但是值得学习如何预防和处理。我也希望大家珍惜自己的友谊,在生活中,我们可能会遇到许许多多的困难,但不要灰心,总会有人陪伴你度过艰难的时候。小困难总是每隔一段时间就出现,但朋友、同学的安慰,都可以成为让我们坚持下去的动力,因为这些给了我们信心,让我们努力成长。

王广熠

出生年月：2011年2月

获得荣誉：

2018年获得"共筑家园"全国青少年建筑模型教育竞赛总决赛"缤纷童年"涂装木屋赛小学男子组二等奖

2019年获得广州市第13届"市长杯"万家乐羽毛球系列大赛男子团体第四名

2020年获得第3届荔湾区"张道真杯"小学生英语拼读能力展示活动二等奖

2020年获得17届中国动漫金龙奖少年儿童美术大赛优秀奖

2020年获得第25届全国中小学生绘画书法作品比赛（绘画类）优秀奖

师长评价：

活泼、热情的你是一个全面发展的孩子。我特别欣赏你满身的正气。你是升旗仪式上严肃帅气的升旗手、课堂上侃侃而谈的小组代言人、军训会演上自信威武的指挥员，在老师和同学的心中留下了深刻的印象。你牢记校训，深谙"成功每一步，有为每一天"的道理，对自己严格要求，对同学关爱帮助，对班级事务认真负责。"读书破万卷，下笔如有神。"相信徜徉于阅读中的你一定会更优秀！

朋友是困境中的一束光

作为学生的我们,在生活中经常会听到"独立自主"这几个字。独立自主渗透到了我们生活的方方面面,小到一个人在家,大到一个人出远门。

为了学会独立自主,我相信你一定有与我相似的经历,比如独自参加夏令营、冬令营,独自出游等。独自出门是一个锻炼自己的好机会,特别是第一次独立出门。我们在独自面对困难时,自己寻找办法去解决问题,这让我们变得更坚强、勇敢。在这些独立自主的经历当中,让我印象最深刻、也是我最想分享的就是朋友的重要性。朋友让我意识到,他们就像黑暗中的一束光,照亮和帮助了我。

现在回想起首次独自生活就让我感到害怕。那是我第一次没有家人陪伴,独自去广州花都巧克力王国写生(绘画)。前两天,我并没有很大的心理波动,一切都很正常。到了第三天,在大堂上,我看到了形形色色的人,其中我印象最深的就是一对父子,他们有说有笑。看着他们脸上灿烂的笑容,我的心颤了一下,爸妈,是啊,我已经有48个小时没见到他们了,他们会不会想我?"嘿,吃饭了,发什么呆?"我的舍友小赵指了指一旁集合的队伍,我从思念的情绪中回过神来,跟他一起去集合。

在后面的写生集训中,虽说也偶尔会挂念家,但在那美丽的西式建筑和绚烂色彩的碰撞下,这种思念的感觉好似轻尘般消去了。随着夜晚的降临,内心深处的恐惧和对家庭的依赖又好似魔鬼般从心底浮起,我坐在床上,思考、畏惧……眼神逐渐空洞、迷离。"干吗呢?你没事儿吧?"小赵大大的眼睛看着我。"没……没有,有点心事……"我看了他一眼。"都自己出门了,心里就别想那么多啦!照顾好自己就行了,还有我呢,怕什么?你又不是孤身一人。"听他说完这些话,我一下子就被触动了,我的心魔随之倒下,他那句"怕什么?你又不是孤身一人"像一束光,给了我力量,让我不再惧怕孤独。这一次独立自主的写生,因为朋友的鼓励、支持,我体会到了力量,我以为我再也不会想家了。

然而,第二次的夏令营还是让我流下了想家的眼泪,原来独立并非想象中的那么容易。这次的学习比较特别,我是跟着哥哥(亲哥)一起参加的,我们在一个宿舍。但在夏令营刚开始的那天下午,哥哥却突然病了,非常不舒服,吃了好多药,休息了两天,还是没有起色,最终不得不提前回家。在他离开夏令营的那一晚,我的眼泪一下子滑过脸庞,嘴角略微抽搐,心灵剧烈颤抖,恐惧涌上心头,我心想:哥哥回去了,留我一个人,我该怎么办?我想我是幸运的,因为每当这种无助感来临的时候,总会有一束光照亮我,没错,这束光就是我的朋友。这次在夏令营中照亮我的是一位为人和善、心地善良的小哥——陈哥。

因为哥哥的离开,我的心情跌入谷底,上课也一蹶不振,但是在陈哥的帮助和陪伴下,这种低落的情绪没有持续太久,很快我就找回了自己的状态。我发现每当和陈哥一起上课时,都会有不一样的感受和体会,他好像永远都有热情,他的热情一直在感染我、影响我。我们形影不离,吃饭时,我们坐在一起;下课时,会在一起聊天、玩耍、学习……。和陈哥在一起的夏令营生活多姿多彩、新鲜无比,我每天都很开心,好似这里就是我的"家"。最后,我在掌声和欢笑中离开了这里,在陈哥的帮助下,给这次的学习画上了一个完美的句号。

这几次出门的经历都让我感受到了朋友的重要性。当我们来到一个完全陌生的地方,如果有了一群新的朋友,那会让我们更快地融入集体,也不会感觉特别孤独,整个过程是开心自在的。朋友的重要性不仅仅体现在陌生场合,即使在熟悉的环境中,我们也能感受到友谊的力量。

在学校里,我有几个关系非常要好的朋友,他们让我觉得学习和生活十分轻松。我们下课后,一起聊天;上体育课,一起打球;上课时,一起交流……

我有一位挚友小赖。初识他时,我在学习上遇到了瓶颈。在他的帮助下,我有了进步和突破。从那以后,我发现我们有一样的兴趣、一样的想法、一样的志向,我们一起笑过。一起哭过。还记得有一次,我们在午休时,躲在被子里画漫画,被老师发现了,我们一起挨了批评;还记得我们一起在餐厅吃得很开心;还记得我们一起在家里玩游戏,玩得很尽兴。他好似我心中的一束永远不会消失的光芒,每当我想起他时,总会不由自主地笑起来,那是幸福的、温暖的笑。

当然,除了挚友小赖,在后续的生活中,我也结识了许多好朋友,比如真诚的小吴。他对我敞开心扉,从不遮掩。在和他的交流中,我体会到了两个纯洁心灵的碰撞的独特感受。每次和他交流,我的心灵都好似进行了一番洗礼,我觉得这种真诚的朋友是最难得的。我和好朋友们聚在一起,不同的观点发生碰撞,给予我新的认知,带给我新的体验。

可能很多人会羡慕我,觉得我有很多好朋友,觉得自己就没那么幸运。当然,有好朋友固然是幸运的,但这种幸运也不是没有原因的,交到好朋友的前提是自己对别人要足够包容与理解。当你用心向善,那适合你的一切自然会来。

好友没有年龄界限,同学可以是好友,老师可以是好友,家长也可以是好友。当你陷入困境时,好友会拉你一把;当你前途渺茫时,好友会为你指引方向。

不是每一个表面上的朋友都是好友。在遇到困难的时候,如果这个所谓的朋友不仅没有给予你帮助,反而想从你这里捞好处,那就不是好朋友。我们经常说,一起经历风雨,才能共同看到彩虹,但很多人是无法一起经历风雨的。

  我们要理智看待好友的离开,随着时间的流逝,一些你曾经的好朋友或许对你不再那么热情、那么亲切,这是很正常的,因为在时间的长河里,每个人都会发生改变,有新的看法、新的观念、新的立场。当你们的交流不再像以前那般快活自在、舒畅开心,那这位以前的好友或许已经跟你有了一层很厚的阻隔,他已经不是曾经的那个他了。不过,没关系,因为每到一个新的环境中,我们都会结交不一样的朋友。活在当下,和现在的好友共度快乐时光吧!

  朋友是最宝贵的财富,友情是最稀缺的不可再生资源。希望大家可以找到自己生命中真挚的好友,拥有一段无法忘怀的友情!

张永畅

出生年月：2010年10月

获得荣誉：

2023年获得"快乐阳光"中国少年儿童歌曲卡拉OK大赛(上海赛区)少年组特金奖

2022年通过社会艺术水平考级(古筝专业)10级

2022年获得上海市学生艺术节单项比赛(声乐专场)小学组金奖

2021年通过社会艺术水平考级(少儿歌唱)10级

师长评价：

壮壮是一个乐观热情的阳光男孩。在学习上，他努力上进，是老师的好帮手、同学的好榜样。他喜欢唱歌，3岁开始学习声乐，5岁参加"快乐阳光"中国少年儿童卡拉OK大赛，并多次荣获重要奖项。在生活中，他乐于助人，喜欢体验新鲜事物，是个乐天派。

一次难忘的故乡行

今年暑假,爸爸妈妈带着我一起回了趟爸爸的老家。

上次回老家,已经是四年前的事情了。这两年,总是听爸爸说老家的变化很大,爷爷把老屋的宅基地垫得又高又宽,去年底还盖了新房子;梦涵姐姐学习进步飞快;家里的三花猫每年都下好几窝小猫咪,旺财和嘟嘟(旺财是一只雄性巴哥犬,是 2019 年中从上海带回老家的。嘟嘟是一只雌性法斗犬,是 2020 年底从南京带回老家的。)两个早已胖成肉墩墩了。

晚上七点半,过了一座桥,车子行驶在一条马路上,马路两旁全是高高的玉米地,一眼望过去,除了玉米,还是玉米。

"马上就到家了。"爸爸开心地说。

"我真服了你了,这路你也能记着。"坐在我旁边的妈妈又说出了她那句熟悉的感慨。

转两个弯后,车子开进了一个村子。瞬间,车子的轰鸣淹没在村子里的狗吠声中,爸爸放下车窗,和路过的人们打招呼。

和上海不同,这里的人打招呼时嗓门都很大,更不同的是,这里的每个人似乎都很熟,热情得不得了。

几分钟后,车子停了,那个记忆中的小院到了。

奶奶早已等候在大门口,热情地迎了上来。奶奶的牙齿所剩无几,她的家乡话听起来淳朴而又亲切,虽然我无法完全理解每个字的含义,但奶奶满脸的幸福笑容让我也情不自禁地跟着笑了起来。

大家一边吃饭一边聊天,聊到明天要做什么,奶奶便邀请我明天一起去地里拔毛豆,我非常高兴地答应了。

第二天早晨,我因为兴奋而过早醒来,盯着天花板,等待睡意的再次来临。突然,一声"喔,喔喔,喔……"的鸣叫声打破了清晨的寂静,钻进了我的耳朵,我立刻坐了起来,思考这怪异的闹钟声到底来自哪里。接着,又传来一声,再一声,此起彼伏,忽远忽近,忽高忽低,我突然想到:"原来这就是被鸡鸣唤醒的感觉呀!"令我感到奇怪的是,平时每天都会坚持早起的爸爸,竟然完全对这鸡鸣声免疫,继续呼呼大睡。

过了不知多久,忽然听到永智哥哥在院子中喊道:"大叔、婶婶、壮壮,吃饭了!"想着等会还要去拔毛豆,我迅速地跑了出去,发现一桌子饭菜已经备好在院中了,有大馒头、黑米粥、豆芽拉皮、醋熘土豆丝,还有一盘肉。

这肉很怪异,几乎全是瘦的,看不到一丁点儿肥的;形状也不寻常,既不成块,也不成片;很像开市客的烧鸡腿,被撕成了一条又一条,每一条都红得发紫且纹理清晰。

我赶紧夹起一块,放进嘴里,口感很不一样,比牛肉更加软糯、更易咀嚼,比猪肉香味更足、还不油腻,我问道:"这是什么肉?"大伯回答道:"这是狗肉,感觉咋样?"

我惊呆了,这居然是狗肉,是旺财和嘟嘟它们同类的肉,但不得不说,狗肉是真的香啊!反正不是我们家旺财和嘟嘟的肉,我继续大口吃了起来。

吃饱了饭,爷爷开来了他的"宝马"——一台除了铃铛不响、哪里都响的电动三轮车,准备带我们去拔毛豆。车厢里放了两个马扎凳,那是给我和奶奶准备的。我刚抬起腿,还没爬上车,永智哥哥一把把我拉了下来,说:"爷爷的'宝马'又抖又慢,跟我走吧,我骑摩托车带你去!"

"慢一点啊,注意安全!"在爷爷奶奶的叮嘱声中,永智哥哥带着我一溜烟地走了。

我们到了几分钟后,爷爷的三轮车到了。爷爷停下车,轻轻一跃,稳稳地落在地上。爷爷戴上草帽,走进田里,向四周望了望,然后指着靠近东边路口的一小片地喊道:"永智、壮壮,你们兄弟俩先把这一小片豆子拔了吧。"

"来了。"哥哥拉着我进了豆地。

我一眼望去,除了青青的豆叶,一个豆荚也没看到,豆子在哪里呢?再定睛一看,原来豆荚们都藏了起来,藏在一片片豆叶下。豆荚们个个挺起大肚子,肚子上长满了绒毛,我大声惊叹道:"呀,豆子原来结在秆子上,真神奇!"

这神奇的豆子和玉米很不一样,它不像玉米那么高大,玉米足足有两米多高,而豆子全株才刚到我腰间,不到一米高。它也不像玉米那么粗壮,玉米秆有自行车横梁那么粗,而豆子的秆子还赶不上我一根小指粗。

我心想,凭我这100来斤的大体格,这小小的毛豆,拔起来一定很轻松吧,于是想都没想,双手伸出去就开干了。"啊!"我一声惨叫,只觉得两手不知被什么东西扎了一下,疼得我赶紧缩回了手。哎呀,手掌心里被拉出了好几条白印子。

转头一看,永智哥哥已经拔了好多,拔出来的豆秆已经有一小堆了。人比人,真的要气死人了。这还得了,我得抓紧了。

这次,我认真了起来,深深地弯下腰,双手向豆秆根部伸了过去,深吸了一口气,还没等我使上劲儿,就被一股浓浓的臭味熏得咳嗽了起来。那臭味,和春天的香菜有几分相似,但味道远比香菜要大得多。我连忙抽出双手一看,上面有好几只小小的臭虫,我慌乱地又甩又拍。好不容易拍掉了虫子,再看看我的手,又疼又臭。

小小的豆秆都拔不了,挫败感钻出了身体,挂在了脸上,我一时不知该如何是好,呜呜地抽泣起来。

正忙得热火朝天的永智哥哥三步并作两步地走了过来,俯下身问道:"咋啦,怎么哭了?"我抬起手擦了一下眼泪,红着眼睛呜咽道:"这豆子也太难拔了……你看看我的手,又疼又臭……"

哥哥轻轻拍了拍我的肩膀,咯咯地笑着说:"弟弟呀,你别着急,你这样拔就可以了……"哥哥后退了两步,面向我,抓着豆叶快速抖动豆秆,豆秆根部的小臭虫识趣地向地面爬去,顷刻间全不见了。接着,只见他双手慢慢地用力握住豆秆,放在两腿前,两脚分开,与肩同宽,双腿弯曲,扎成马步,弯起腰,双臂微微弯曲,两手用力往上一提,一簇豆株连带着一坨土从地里钻了出来。然后,哥哥右手抓着豆株在地上轻轻磕了几下,那一坨土散落开来,重新回到了大地母亲的怀抱。

我一看,觉得这也没什么大不了的啊,除了需要抖抖虫子,其他动作看上去和电视里看到的小兔子拔萝卜的动作也差不了多少啊,我的干劲儿又来了。

先抖抖豆叶,摇落小臭虫,然后双手握住豆秆,可刚一用力,还没等我往上拔,一股钻心的疼又遍布了我的两个手心。

我就不信这个邪了,这到底是咋回事啊?同样是拔豆子,为什么永智哥哥不觉得扎得慌呢?

我撅着屁股,一边生气,一边恶狠狠地瞪着豆子。哦,原来是豆荚尖啊,每一个豆荚头上都有一个小尖尖,看上去青青的、毛茸茸的,但对于软软的手心来说,在用力握的那一刹那,那小尖尖的穿透力丝毫不亚于针刺和猫爪啊。

永智哥哥仿佛看透了我的窘迫,又演示了一遍。这次一边演示,一边交代:"先抖一抖,把小臭虫赶跑,再慢慢握紧,要不然就会扎着手,接着用力往上提,最后轻轻磕几下,把带出来的土抖掉,就管了(管:皖北方言,行、可以的意思)。"

一抖、二握、三提、四磕。要诀在手,信心我有。

轻轻地抖,抖跑小虫子,慢慢地握,握紧不扎手。果然有效,这次真的不臭手,也不扎手了。

接下来我憋足了劲,使劲往上一提。手倒是起来了,可豆秆依然在地里,纹丝不动。而我的两只手,这次不是被扎得钻心的疼,而是被豆荚和豆株摩擦得火辣辣的疼了。

我的力气那么大,哥哥能拔出来,我一定也可以。一定是我发力不对,豆子有那么多根在土里,想用力一下子提起来谈何容易,应该慢慢发力,要给埋在地下的豆根逐渐断裂、脱离田地的时间啊,难怪小兔子拔萝卜要不断地喊"嗨哟嗨哟"呢。

这下子全明白了,向豆子发起总攻吧,少年!

我深吸了一口气,复习了一遍哥哥的要领:一抖、二握、三提、四磕……哈哈哈,我成功了!

这感觉真不错。我昂首挺胸、大步流星地走到哥哥面前,在他面前挥舞了几下手,骄傲地把我的战果抛到越来越高的豆堆上。

哥哥左手叉着腰,右手向我竖起大拇指,哈哈地笑了起来,我也笑了起来。

人民教育家陶行知先生说:"人有两个宝,双手和大脑,双手会做工,大脑会思考。"生活不就是这样吗?只要你擅于动脑思考,勤于动手体验,一定可以拥抱更加丰富多彩的幸福人生。

任芷含

出生年月:2015年8月

获得荣誉：

芭蕾舞三级

2022年获得北京市昌平区防灾减灾科普表演大赛（小学组）一等奖

2022年获得友邦友享青少年绘画艺术展纪念奖

师长评价：

任芷含是个乖巧懂事的小女孩，她热爱班集体，懂得规则，善解人意。虽然是班里最小的同学，但经常照顾和帮助其他同学，规则意识特别强，有一定的领导力。

一个普通小孩

大家好,我叫任芷含,是巩华学校二年级的学生。我是班里最小的学生,因为我的生日是在9月1日的前几天。因为我小,所以我应该是最受照顾的那个人吗?不,实际情况是我经常照顾其他同学。

我没有什么特别的专长,如果一定要说一个,那就是我一直在学芭蕾。从小时候断断续续地学,到后来持续不断地学,我还通过了芭蕾舞三级的考试,我开心极了,爸爸妈妈也好开心,说我进步很快。和芭蕾结缘是因为一个绘本,叫《大脚丫学芭蕾》,它告诉我不用在乎别人的眼光,坚定地去做自己喜欢的事就好了。我是一个不那么爱学习的孩子,用妈妈的话说,我除了学习,哪儿都好,哈哈。我就是一个普通得不能再普通的小孩,爸妈总希望我更优秀,总是说谁谁谁很优秀、很棒,可是我真不明白这和我有什么关系?慢慢地,他们也接受了我是一个普通小孩的事实,我好开心。

我没什么特别的优点,可妈妈说我很善良,这比什么都珍贵。我会做简单的饭菜。有一个周末的早上,妈妈还没起床,她工作很辛苦,周末想多休息一下,我就先起床给她做早点。我先煎了两个鸡蛋,又洗了几颗葡萄,热了奶。家里有面包片,我还拌了黄瓜,我好开心、好自豪,因为我能给妈妈做早点。她起床后,看到我做的早点开心极了,还拍了照片发朋友圈炫耀。真服了老妈。她说做饭最起码可以解决吃饭问题,然后可以享受食物所带来的乐趣,最高的境界就是和心爱的家人一起吃美味的食物。我不能理解那么多,就只能理解如果自己会做饭,那就有主动权,想做就做,不想做就不做,不需要依赖他人,不会被饿死。我能给妈妈做饭,她可开心了,最让她高兴的事就是和我们一起做家务!没错,就是让我们和她一起做家务。我和弟弟"专职"倒垃圾,"兼职"洗碗。拿碗、端盘子、洗袜子、收拾书包……都要我们干,妈妈总是很忙,她没有时间,所以我和弟弟只能自己做自己的事。我的作业,她也不怎么看,她说要自己对自己负责,而不是她对我负责。我要有个什么都管的妈妈该多好!我妈妈是一个笨妈妈,好多事她都干不好,还要求助我和弟弟,让我们帮她想办法。也许她也是一个小孩,只是个子比我高一点而已。

我有好多好朋友,有幼儿园的、小学的、小区的。去年底,我们搬到了新的小区,我和原来小区的小伙伴就分开了,不过我又认识了很多新朋友,我们交换玩具、零食,一起跑,一起捉迷藏。爸爸说:"大人就不容易交朋友,想法特别多,要看利益关系,要看利用价值,要看人品,看谈吐……"大人真复杂,简单点不好吗?我不想当大人。我和妈妈说过,我想永远当小孩,她说不可以,小孩有小孩的好,大人也有大人的好,所以都要体验。虽然我大概明白妈妈说的话,但我还是不想当大人。妈妈说人要活好久好久,如果只有自己会比较孤单,所以要有朋友才开心些。可是最终还是要自己一个人过,所以不管有伴还是没伴,都要开心。我觉得我妈好矛盾,管她呢,我还是想下楼去和小朋友玩,拜拜啦!

吴家慧

出生年月：2012年1月

师长评价：

　　你是个乖巧、文静，懂事的女孩。尊敬师长，与同学友好相处。在学习上比较自觉，还能写一手工整漂亮的字。积极参加班级和学校的活动。希望你今后继续努力，多思、多问、多说，多锻炼自己的表达能力。自始至终用心地去做好每一件事，加强自身的约束力，那么你一定会与优秀离得更近一些。加油！

追随光，最后成为光

每个人都有自己的特长与闪光点，每个人都有一道自己追随的光。

上小学三年级时，因为一次偶然的机会，我看到了一张报纸，上面一名叫陈苗苗的女孩的事迹吸引了我。她童年时，由于一次不幸的事故，差点失去了生命，最终经过抢救，她失去了双腿，无法站立。这一切没有让她沉沦，反而激起她对学业的渴求和对生活的热爱。在一张既充当课桌又充当板凳的小床上，她趴着度过了年少时光。通过十年的努力，她描绘出了属于她的理想蓝图，获得了"中国大学生自强之星"和"最美大学生"等称号。看了她的经历，我不禁感叹生命竟然可以如此坚强，反思自己，我的生活条件很好，可是在学习上粗心大意，有时候还不愿听爸妈的话，让他们很生气；遇到一些不会的题，也不敢问老师，我突然觉得很愧疚。我仿佛被点醒了，看到了一束无形的光，指引着我前进。当我因为数学题解不出来而崩溃时，我就会想起这个报纸上的姐姐。之前，在老师和家长的督促下才被动学习的我，现在已经有了目标，会尽最大的努力去学习。

在《假如给我三天光明》中,海伦·凯勒在只有 19 个月大时,就因病双目失明,从此她就一直在黑暗中生活。她失去了听力和视觉,但她没有向命运屈服,而是以一种乐观的态度来面对生活。她仅仅依靠触觉,学会了五种语言,最后成为一名渊博的学者。作者身残志坚,坚持不断学习,在逆境中崛起。海伦·凯勒的故事极大地激励了我,鼓舞我努力前行。

逐光而行,每一个人都有自己的梦想,向往着光,追随着光,成为光。因为只有这样,我们才能拥抱光明的未来。让我们一起追逐光,最后成为最闪耀的那一束光。

从现在开始,让我们一起加油!